全国高等教育自学考试指定教材

手机媒体概论

（含：手机媒体概论自学考试大纲）　课程代码　14237

（2024年版）

全国高等教育自学考试指导委员会　组编

主编　匡文波

中国人民大学出版社

·北京·

中国人民大学出版社自考数字教材配套数字资源使用指南

凡是购买正版教材的考生，可凭封面的兑换码免费兑换教材配套数字资源。

数字资源获取方法和使用说明如下：

（1）扫描并关注“人大社 e 自考”微信公众号。

（2）点击“课程中心”中的子菜单“兑换中心”。

（3）刮开本书所附卡片涂层，获取数字资源兑换码，即可兑换教材配套数字资源。

（4）在“课程中心”中的子菜单“我的课程”里找到已兑换的课程进行学习。

如兑换码有误或有其他问题，请关注“人大社 e 自考”微信公众号并留言。

组编前言

21 世纪是一个变幻莫测的世纪，是一个催人奋进的时代。科学技术飞速发展，知识更替日新月异。希望、困惑、机遇、挑战，随时随地都有可能出现在每一个社会成员的生活之中。抓住机遇，寻求发展，迎接挑战，适应变化的制胜法宝就是学习——依靠自己学习、终身学习。

作为我国高等教育组成部分的自学考试，其职责就是在高等教育这个水平上倡导自学、鼓励自学、帮助自学、推动自学，为每一个自学者铺就成才之路。组织编写供读者学习的教材就是履行这个职责的重要环节。毫无疑问，这种教材应当适合自学，应当有利于学习者掌握和了解新知识、新信息，有利于学习者增强创新意识，培养实践能力，形成自学能力，也有利于学习者学以致用，解决实际工作中所遇到的问题。具有如此特点的书，我们虽然沿用了“教材”这个概念，但它与那种仅供教师讲、学生听，教师不讲、学生不懂，以“教”为中心的教科书相比，已经在内容安排、编写体例、行文风格等方面都大不相同了。希望读者对此有所了解，以便从一开始就树立起依靠自己学习的坚定信念，不断探索适合自己的学习方法，充分利用自己已有的知识基础和实际工作经验，最大限度地发挥自己的潜能，达到学习的目标。

欢迎读者提出意见和建议。

祝每一位读者自学成功。

全国高等教育自学考试指导委员会

2022 年 12 月

目　录

全国高等教育自学考试

手机媒体概论
自学考试大纲

全国高等教育自学考试指导委员会　制定

大纲前言

为了适应社会主义现代化建设事业的需要，鼓励自学成才，我国在 20 世纪 80 年代初建立了高等教育自学考试制度。高等教育自学考试是个人自学、社会助学和国家考试相结合的一种高等教育形式。应考者通过规定的专业课程考试并经思想品德鉴定达到毕业要求的，可获得毕业证书；国家承认学历并按照规定享有与普通高等学校毕业生同等的有关待遇。经过 40 多年的发展，高等教育自学考试为国家培养造就了大批专门人才。

课程自学考试大纲是规范自学者学习范围、要求和考试标准的文件。它是按照专业考试计划的要求，具体指导个人自学、社会助学、国家考试及编写教材的依据。

为更新教育观念，深化教学内容方式、考试制度、质量评价制度改革，更好地提高自学考试人才培养的质量，全国考委各专业委员会按照专业考试计划的要求，组织编写了课程自学考试大纲。

新编写的大纲，在层次上，本科参照一般普通高校本科水平，专科参照一般普通高校专科或高职院校的水平；在内容上，及时反映学科的发展变化以及自然科学和社会科学近年来研究的成果，以更好地指导应考者学习使用。

全国高等教育自学考试指导委员会

2024 年 2 月

Ⅰ　课程性质与课程目标

一、课程性质和特点

“手机媒体概论”是全国高等教育自学考试新闻学、广告学、传播学等专业的一门课程，是为培养和检验自学考试应考者的手机媒体基础理论、基本知识和基本技能而设置的。这门课程既是深入学习手机媒体理论和技能等专业知识的基础性课程，也是了解和掌握手机媒体活动的一般知识和规律、提升手机媒体专业观念和素养的普及性课程。

二、课程目标

作为深入学习手机媒体理论和技能等专业知识的基础性课程，本课程的目标是使学生能够：

1. 比较全面地了解手机媒体相关概念和定义的内涵和外延，理解手机媒体的类型和特点。
2. 了解手机媒体行业和手机媒体理论发展的历史进程和未来趋势。
3. 了解基本的手机媒体相关法规，熟知各种移动新闻客户端的特征。
4. 比较全面地理解手机媒体的社会价值，建立全面系统的手机媒体专业知识结构。
5. 比较全面地了解手机媒体活动的目标、流程，熟悉手机媒体的管理原则。
6. 为进一步学习手机媒体专业知识和技能打下基础。

三、与相关课程的联系与区别

“手机媒体概论”作为新闻类的基础性导论课程，在整个专业人才培养的课程体系中发挥着提纲的作用，它的特点是内容体系几乎涵盖手机媒体理论与实践所需的全部内容，体现了手机媒体专业知识体系的整体面貌，是学生系统学习手机媒体专业课程的入门基础，解决学生学习过程中的“盲人摸象”问题。与其他专业课程相比，本课程所涉及的每一部分内容都以概述为主，不求特别深入，主要要求覆盖所有的专业知识领域，展现手机媒体专业理论的全貌。因此，“手机媒体概论”与其他相关专业课程尤其是“新媒体概论”相辅相成，在专业人才培养中发挥着重要的基础性作用。

四、课程的重点与难点

本课程重点内容为：手机媒体的概念，手机媒体的优势，手机媒体给传媒业带来的冲击，手机媒体用户特征，创新扩散理论模型、技术采纳模型、计划行为理论模型、手机媒体研究的 STIP 模型等手机媒体研究的理论模型，手机媒体管理的中国特色，新技术与手机媒体的未来趋势等。

本课程难点内容为：手机媒体研究的理论模型，新闻推荐算法等。

本课程的交叉融合性特点较强，内容涵盖手机媒体理论和实践的方方面面，又面对新技术、手机媒体传播环境的快速变迁，不确定性较强，这些因素的组合构成了具有一定难度的课程。

Ⅱ　考核目标

本大纲在考核目标中，按照识记、领会、简单应用和综合应用四个层次规定考生应达到的能力层次要求。四个能力层次是递进关系，各能力层次的含义是：

识记（Ⅰ）：要求考生能够识别和记忆本课程中有关手机媒体的概念、原理、方法的主要内容，并能够根据考核的不同要求，做出正确的表述、选择和判断。

领会（Ⅱ）：要求考生能够领悟和理解本课程中有关手机媒体的概念、原理及方法的内涵及外延。

简单应用（Ⅲ）：要求考生能够根据已知的手机媒体事实，对手机媒体发展中存在的问题进行分析和论证，得出正确的结论或做出正确的判断。

综合应用（Ⅳ）：要求考生能够根据已知的手机媒体事实和新技术发展趋势，对新技术带来的问题和挑战进行综合分析和论证。

Ⅲ　课程内容与考核目标

第 1 章　手机：从通信工具到新媒体

一、学习目的与要求

通过本章的学习，学生对手机媒体的内涵及手机媒体的研究对象和内容有较全面、正确的了解与认识，重点掌握手机的诞生与发展、手机媒体已经成为新媒体的主体等内容。

二、课程内容

（一）手机的诞生与发展

（二）手机媒体是新媒体的主体

三、考核知识点与考核要求

（一）手机的诞生与发展

1. 识记：手机媒体的定义；

2. 领会：手机媒体的特征；

3. 简单应用：举例说明手机的媒体化。

（二）手机媒体是新媒体的主体

1. 识记：手机媒体与新媒体的关系；

2. 领会：新一代通信技术，5G 技术；

3. 综合应用：结合案例，分析新一代通信技术的社会影响。

四、本章重点、难点

本章重点是手机媒体已经成为新媒体的主体，难点是分析新一代通信技术的社会影响。

第 2 章　手机媒体：新闻学和传播学研究的新领域

一、学习目的与要求

通过本章的学习，学生知晓手机媒体的特征、手机媒体带来的冲击、手机用户特征、拍摄手机对新闻传播的影响等内容。

二、课程内容

（一）手机媒体的特征
（二）手机传播带来的冲击
（三）手机用户特征研究
（四）拍摄手机对新闻传播的影响

三、考核知识点与考核要求

（一）手机媒体的特征
识记：手机媒体的特征。
（二）手机传播带来的冲击
简单应用：结合案例，分析手机媒体对传播行业带来的冲击。
（三）手机用户特征研究
1. 识记：为什么要称手机用户而不说手机传播中的受众；
2. 领会：手机用户动机；
3. 简单应用：结合案例，分析手机用户的心理和行为特征；
4. 综合应用：结合最新发生的网络事件，分析该网络事件中手机用户的动机。
（四）拍摄手机对新闻传播的影响
1. 领会：拍摄手机对新闻传播的影响；
2. 综合应用：结合最新发生的突发新闻，分析拍摄手机对新闻传播的影响。

四、本章重点、难点

本章重点是手机媒体的特征、手机媒体带来的冲击、拍摄手机对新闻传播的影响等内容，难点是手机用户的特征。

第 3 章　手机媒体研究的理论模型

一、学习目的与要求

通过本章的学习，学生从总体上认识手机媒体研究的理论模型，为以后各章有关手机媒体概论专业知识的学习奠定基础。

二、课程内容

（一）西方新媒体研究的理论框架
（二）新媒体研究的 STIP 模型

三、考核知识点与考核要求

（一）西方新媒体研究的理论框架
1. 识记：创新扩散理论；

2. 领会：技术采纳模型，计划行为理论；
3. 简单应用：结合案例，分析创新扩散理论。
（二）新媒体研究的 STIP 模型
1. 识记：新媒体研究的 STIP 模型的定义；
2. 领会：新媒体研究的 STIP 模型的基本内容；
3. 简单应用：结合案例，分析新媒体研究的 STIP 模型。

四、本章重点、难点

本章重点和难点是 STIP 模型。

第 4 章　手机中的人际传播

一、学习目的与要求

通过本章的学习，学生对手机中的人际传播的类型及特征有基本的认识和了解。

二、课程内容

（一）手机短信传播
（二）手机短信的利弊分析
（三）手机短信的传播特征
（四）微信
（五）微信支付与支付宝

三、考核知识点与考核要求

（一）手机短信传播
1. 识记：手机短信传播的类型；
2. 领会：手机短信在人际交往中的使用。
（二）手机短信的利弊分析
简单应用：结合具体案例，分析手机短信的利弊。
（三）手机短信的传播特征
简单应用：结合具体案例，分析手机短信的传播特征。
（四）微信
1. 识记：微信的特征；
2. 领会：微信社会影响，强联系和弱联系理论；
3. 简单应用：结合具体案例，分析微信聊天存在的问题；
4. 综合应用：结合具体案例，分析强联系和弱联系理论。
（五）微信支付与支付宝
领会：微信支付与支付宝的盈利模式。

四、本章重点、难点

本章重点是理解手机短信的利弊、微信的特征及社会影响，难点是结合具体案例分析强联系和弱联系理论。

第 5 章　新闻客户端与短视频

一、学习目的与要求

通过本章的学习，学生了解新闻客户端的定义，掌握新闻客户端、手机短视频的发展历程，理解新闻客户端存在的问题及对策。

二、课程内容

（一）新闻客户端的发展
（二）新闻客户端发展中存在的问题及对策
（三）手机短视频

三、考核知识点与考核要求

（一）新闻客户端的发展
1. 识记：新闻客户端的发展；
2. 领会：客户端的概念与类型，盈利模式。
（二）新闻客户端发展中存在的问题及对策
1. 领会：新闻客户端发展中存在的问题；
2. 简单应用：结合案例，分析新闻客户端的发展对策。
（三）手机短视频
1. 识记：手机短视频的发展阶段；
2. 领会：抖音、快手等短视频应用平台的发展与特征；
3. 简单应用：结合案例，分析短视频侵权责任承担问题。

四、本章重点、难点

本章重点是新闻客户端的定义、新闻客户端和手机短视频的发展历程，难点是结合案例分析新闻客户端发展中存在的问题及对策。

第 6 章　新闻推荐算法

一、学习目的与要求

通过本章的学习，学生了解新闻推荐算法的定义与特征，算法机制嵌入新闻业的影响，算法对用户认知、态度、消费行为的影响；掌握新闻推荐算法存在的问题与发展方向。

二、课程内容

（一）算法机制嵌入新闻业的影响
（二）算法推荐逻辑的争议
（三）算法环境下的用户
（四）新闻推荐算法存在的问题与发展方向
（五）案例分析

三、考核知识点与考核要求

（一）算法机制嵌入新闻业的影响
1. 识记：把关权力的转移与重构；
2. 领会：专业角色的认知与责任。
（二）算法推荐逻辑的争议
1. 识记：从新闻价值到算法价值；
2. 领会：从“信息茧房”到“破茧而出”，从新闻透明到算法透明；
3. 简单应用：结合案例，分析“信息茧房”带来的影响。
（三）算法环境下的用户
1. 识记：新闻算法认知与态度；
2. 领会：新闻消费行为与效果；
3. 简单应用：结合案例，分析算法调适策略与情感实践。
（四）新闻推荐算法存在的问题与发展方向
1. 识记：新闻推荐算法存在的问题；
2. 领会：新闻推荐算法存在问题的原因；
3. 简单应用：分析字节跳动旗下的一款具体产品的特色；
4. 综合应用：结合案例，分析一款具体的新闻推荐算法产品的问题及解决对策。

四、本章重点、难点

本章重点是新闻推荐算法的定义与特征、算法机制嵌入新闻业的影响及算法对用户认知、态度、消费行为的影响，难点是新闻推荐算法存在的问题与发展方向。

第 7 章　手机媒体引发的问题

一、学习目的与要求

通过本章的学习，学生了解手机媒体引发的问题，重点掌握手机功能多样化引发的侵犯隐私权问题。

二、课程内容

（一）手机传播带来国家安全问题

（二）手机拍摄功能引发隐私权侵犯问题
（三）手机定位功能带来隐私权侵犯问题

三、考核知识点与考核要求

（一）手机传播带来国家安全问题
1. 识记：手机传播带来的具体国家安全问题；
2. 领会：手机传播带来的具体国家安全问题的防范对策；
3. 简单应用：结合具体的战争案例，分析手机传播带来的国家安全问题。
（二）手机拍摄功能引发隐私权侵犯问题
1. 识记：隐私权的定义；
2. 领会：隐私权的基本理论；
3. 简单应用：结合具体案例，分析手机功能多样化引发的侵犯隐私权问题。
（三）手机定位功能带来隐私权侵犯问题
1. 识记：手机定位功能的特征；
2. 领会：手机定位功能的利弊分析；
3. 综合应用：结合具体案例，分析手机定位功能带来的侵犯隐私权问题。

四、本章重点、难点

本章重点是深入了解手机媒体引发的问题，难点是结合案例分析手机功能多样化，尤其是手机定位功能引发的侵犯隐私权问题。

第8章　手机媒体的管理

一、学习目的与要求

通过本章的学习，学生了解手机媒体管理的特殊性、我国手机媒体管理的现状及加强对手机媒体管理的对策等内容。

二、课程内容

（一）手机媒体管理的特殊性
（二）我国手机媒体管理的现状
（三）加强对手机媒体管理的对策

三、考核知识点与考核要求

（一）手机媒体管理的特殊性
1. 识记：手机媒体监管的难点；
2. 领会：手机媒体在信息传播过程中出现的问题。
（二）我国手机媒体管理的现状
简单应用：结合案例，分析我国手机媒体管理的现状。

（三）加强对手机媒体管理的对策
1. 识记：对手机媒体的管理途径；
2. 领会：加强手机媒体伦理道德规范的重要性；
3. 简单应用：结合具体案例，分析我国手机媒体管理的技术管理；
4. 综合应用：结合具体案例，分析如何善用手机媒体。

四、本章重点、难点

本章重点是手机媒体管理的特殊性、我国手机媒体管理的现状，难点是加强对手机媒体管理的对策。

第9章　手机媒体的未来展望

一、学习目的与要求

通过本章的学习，学生了解手机媒体的未来发展趋势，以及对传媒业的影响。

二、课程内容

（一）人工智能会取代记者吗
（二）新一代移动通信技术与大国博弈
（三）未来将不再有手机吗

三、考核知识点与考核要求

（一）人工智能会取代记者吗
1. 识记：人工智能技术在传媒业的应用现状；
2. 领会：思考人工智能是否会取代记者；
3. 简单应用：结合具体案例，分析人工智能技术对传媒业的影响；
3. 综合应用：思考人工智能技术环境下，如何进行自己的职业规划。
（二）新一代移动通信技术与大国博弈
1. 识记：通信技术的现状与发展趋势；
2. 领会：新一代移动通信技术与大国博弈。
（三）未来将不再有手机吗
综合应用：思考新一代移动通信技术飞速发展的环境下，未来将有什么样的产品取代现有的智能手机。

四、本章重点、难点

本章重点是手机媒体的未来发展趋势及对传媒业的影响，难点是在人工智能技术环境下，学生如何进行自己的职业规划。

Ⅳ 关于大纲的说明与考核实施要求

一、课程自学考试大纲的目的和作用

本课程自学考试大纲是根据新闻学、广告学、传播学等专业考试计划的要求，结合自学考试的特点而确定的。其目的是对个人自学、社会助学和课程考试命题进行指导和规定。

本课程自学考试大纲明确了课程学习的内容及其深度和广度，规定了课程自学考试的范围和标准。因此，它是编写本课程自学考试教材和辅导书的依据，是社会助学组织进行自学辅导的依据，是自学者学习教材、掌握课程内容知识范围和程度的依据，也是进行自学考试命题的依据。

二、课程自学考试大纲与教材的关系

课程自学考试大纲是进行学习和考核的依据，教材则包含了学习掌握课程知识的基本内容与范围，教材的内容是大纲所规定的课程知识和内容的扩展与发挥。课程内容在教材中可以体现一定的深度或难度，但在大纲中对考核的要求一定要适当。

大纲与教材所体现的课程内容应基本一致。大纲里面的课程内容和考核知识点，教材里要全部覆盖。反过来，教材里有的内容，大纲里就不一定体现。如果教材是推荐选用的，其中有的内容与大纲要求不一致的地方，应以大纲规定为准。

三、关于自学教材

《手机媒体概论》，全国高等教育自学考试指导委员会组编，匡文波主编，中国人民大学出版社，2024 年版。

四、关于自学要求和自学方法的指导

本大纲的考核要求是依据专业考试计划和专业培养目标而确定的。它不仅明确了课程的基本内容，而且明确了对基本内容掌握的程度。考核要求中的知识点构成了课程内容的主体部分。因此，课程基本内容掌握程度、课程考核知识点是高等教育自学考试考核的主要内容。

为了有效地指导个人自学和社会助学，本大纲已指明了课程的重点和难点，在每章的考核要求中也指明了该章内容的重点和难点。

本课程共 6 学分。

根据学习对象为成人、在职、业余、自学等情况，建议学习本课程的自学考试应考者充分发挥自身理解能力强的优势，结合自己的社会阅历和职业经验来理解吃透《手机媒体概论》全书的内容，全面系统地掌握当今手机媒体的基本理论和基本方法，切忌在没有全面系统学习教材的情况下孤立地去抓重点。具体建议有以下几点：

1. 首先按照课程章节进行快速泛读，全面了解《手机媒体概论》各章节内容之间的逻辑关系，初步构建知识体系或逻辑思维导图。然后对课程内容的各章节进行深入、系统的学习，注重了解和掌握手机媒体的基本理论和基本知识。在理解教材逻辑结构的基础上，记忆应当识记的基本概念，并掌握一些主要规定和重要方法，如分析判断方法等。

2. “手机媒体概论”虽然是一门基础性课程，但也是一门实践性很强的课程。在研究分析案例的过程中应加深领会教材的内容，将知识转化为能力，培养与提高自己正确分析和解决问题的能力。

五、对考核内容的说明

1. 本课程要求考生学习和掌握的知识点都作为考核的内容。课程中各章的内容均由若干知识点组成，在自学考试中成为考核知识点。因此，课程自学考试大纲所规定的考试内容是以分解为考核知识点的方式给出的。由于各知识点在课程中的地位、作用以及知识自身的特点不同，自学考试对各知识点分别按照识记、领会、简单应用和综合应用四个能力层次确定其考核要求。

2. 在考试之日起 6 个月前，由全国人民代表大会和国务院制定或修订的法律法规都将列入相应课程的考试范围。凡大纲、教材内容与现行法律法规不符的，应以现行法律法规为准。

六、关于考试命题的若干规定

1. 本课程考试采用闭卷考试的方式，满分 100 分，60 分及格。考试时间为 150 分钟。

2. 本课程试卷中对不同能力层次要求的分数比例大致为：识记占 20%，领会占 30%，简单应用占 30%，综合应用占 20%。

3. 试题的难易程度要合理。试题的难度可分为：易、较易、较难和难四个等级。每份试卷中不同难度试题分值比例一般为 2∶3∶3∶2。必须注意，试题的难易程度与能力层次有一定的联系，但二者不是等同的概念。在各个能力层次中都有不同难度的试题，切勿混淆。

4. 本课程考试试卷采用的主要题型有：单项选择题、简答题、论述题、综合应用题等。

附录　参考样卷

一、单项选择题：本大题共 20 小题，每小题 2 分，共 40 分。在每小题列出的备选项中只有一项是最符合题目要求的，请将其选出。

1. 世界上第一台手机诞生于（　　）

A. 20 世纪 70 年代　　B. 20 世纪 60 年代

C. 20 世纪 50 年代　　D. 20 世纪 40 年代

2. 下列最符合 3G 时代的手机媒体特征的是（　　）

A. 手机开始能够实现跨国远距离的人际传播

B. 手机开始从人际沟通工具向大众媒体跨越

C. 手机开始超越单一的语音通话功能

D. 手机开始从军事通信向社会大众普及

3. 下列不属于手机短信的传播方式的是（　　）

A. 人际传播　　B. 大众传播　　C. 组织传播　　D. 人内传播

4. 下列不属于 5G 特点的是（　　）

A. 高速率　　B. 低延时　　C. 大连接　　D. 私隐性

5. 我国的手机媒体开始进入 3G 时代的时间是（　　）

A. 21 世纪初　　B. 20 世纪 90 年代

C. 20 世纪 80 年代　　D. 20 世纪 70 年代

6. 下列不构成手机媒体发展的瓶颈的是（　　）

A. 终端限制　　B. 盈利模式　　C. 原创内容　　D. 用户依赖

7. 下列不属于手机传播特征的是（　　）

A. 交互性　　B. 便携性　　C. 单向性　　D. 主动性

8. 下列不属于手机短信传播特点的是（　　）

A. 手机短信存在广告骚扰的风险　　B. 手机短信无法用于大众传播或群体传播

C. 手机短信承载的信息量有限　　D. 手机短信具有传播准确、高效的特点

9. 下列不属于微信的传播与社会影响的是（　　）

A. 微信传播使意见领袖多样化　　B. 微信传播可以构建多维的社交网络

C. 微信传播减少了人与人之间的互动　　D. 微信传播能够带来企业营销的变革

10. 下列手机应用程序中的用户关系最能体现强社交关系的是（　　）

A. 微信　　B. 微博　　C. 小红书　　D. 淘宝

11. 我国手机报兴起的时间是（　　）

A. 2004 年至 2008 年　　B. 1995 年至 1999 年
C. 2010 年至 2014 年　　D. 2015 年至 2019 年

12. 下列不属于智能手机特征的是（　　）
A. 独立的操作系统　　B. 经政府批准才可安装各类软件
C. 独立的运行空间　　D. 全触屏式操作

13. 下列最适合使用创新扩散理论进行研究的手机传播问题是（　　）
A. 手机媒体使用中的版权问题　　B. 手机微信用户的心理特征
C. 手机使用成瘾带来的危害　　D. 智能手机普及的过程与原因

14. 下列不属于信息茧房带来的变化是（　　）
A. 社会分化　　B. 知识面压缩　　C. 信息多样性　　D. 社会分化

15. 下列陈述不符合手机媒体对新闻生产的影响的是（　　）
A. 手机的拍摄功能使公民记者成为可能
B. 手机的定位功能丰富了数据新闻的生产
C. 手机的移动互联网传播扩大了社会化新闻生产
D. 手机的传播方式没有改变传统媒体的新闻产品形态

16. 下列不属于手机信息检索特点的是（　　）
A. 服务个性化　　B. 检索效率高　　C. 检索费用高　　D. 用户群体广

17. 下列不属于手机新闻客户端的是（　　）
A. 新华社客户端　B. 人民日报客户端　C. 今日头条客户端　D. 爱奇艺客户端

18. 下列不属于手机广告发展的合理对策的是（　　）
A. 加强手机广告市场的培育与开发
B. 注重技术和收费业务模式的创新
C. 禁止在新闻客户端中使用商业广告
D. 立法与行业自律并重，发展与规范并重

19. 5G 技术在中国境内普及的时间是（　　）
A. 2005 年前后　　B. 2020 年前后　　C. 2010 年前后　　D. 2015 年前后

20. 下列不属于短视频治理的合理路径的是（　　）
A. 强调短视频的公共性价值　　B. 增强人对算法的介入
C. 不应该在短视频中使用算法推荐　　D. 落实短视频直播带货治理责任

二、简答题：本大题共 4 小题，每小题 6 分，共 24 分。

21. 简述计划行为理论的基本内容。
22. 简述加强手机媒体管理的措施。
23. 简述手机媒体引发的问题。
24. 简述传统媒体客户端的发展现状特点。

三、论述题：本大题共 3 小题，每小题 6 分，共 18 分。

25. 请分析手机媒体对舆论调控机制产生的影响。
26. 请结合以下材料，分析主流媒体在抖音短视频平台中的传播优势与价值。

材料：2018 年我国移动短视频平台呈现爆发式增长，以抖音为代表的社交短视频平

台引领着短视频行业快速发展。根据《2018 抖音大数据报告》显示，2018 年抖音国内日活跃用户已经突破 2.5 亿，月活跃用户也突破 5 亿。

以央视《新闻联播》为例，中央电视台 2019 年上半年收视数据单显示，《新闻联播》的收视率仅为 7.3%，收视人群多为退休人员和农村人员，年轻观众较少观看《新闻联播》。与之相反，以“视频+音乐”为主要传播模式的抖音短视频社区，凭借其多样化的内容种类、碎片化的传播方式与强大的社交属性吸引了大批年轻人的目光，收获了极高的用户黏性，已经成为年轻人的汇集地。根据资料统计，抖音平台的用户基本为“80 后”、“90 后”和“00 后”，30 岁以下用户占比高达 90%，年轻化特点鲜明。

致力于全球化发展的 TikTok（抖音海外版）已成为中国互联网企业海外发展的代表。移动应用数据分析公司 Sensor Tower 的报告显示，2020 年 4 月，TikTok 全球累计下载量已突破 20 亿，其中美国下载量达到 1.65 亿，相当于美国总人口的一半。2020 年 6 月，TikTok 在全球 App Store 和 Google Play 营收超过 9 070 万美元，为 2019 年同期的 8.3 倍。

27. 请结合以下材料，分析 5G 技术对手机媒体传播带来的影响。

材料：根据 2019 年世界移动大会（MWC Barcelona 2019）发布的报告，截至 2018 年年底，全球共有 51 亿人使用移动服务，占全球人口的 67%。到 2025 年，移动用户将接近 60 亿，5G 有望占全球移动连接的 15%。CNNIC（中国互联网络信息中心）的统计数据显示，截至 2018 年 12 月底，中国网民规模达 8.29 亿，互联网普及率为 59.6%。手机网民规模达 8.17 亿。2019 年 3 月 26 日，工业和信息化部无线电管理局发布的《中国无线电管理年度报告（2018 年）》显示，截至 2018 年 12 月，中国手机用户总数达到 15.7 亿户。

5G 即第 5 代移动通信技术，具有高速率、低延时、泛在网、低功耗、万物互联、安全重构等优势，能支持更高效的信息传输、更快速的信号响应以及海量的终端接入。5G 是一场革命，而非进化。5G 的特点可用这几个方面来概括，即“超高速、低延时、海量连接、泛在网、低功耗”。用更形象的话来概括，那就是“无与伦比的快”“人多也不怕”“什么都能通信”“最佳体验如影随形”“超实时、超可靠”。5G 就是一场革命，它以技术为驱动，从人与人的连接延伸到万物互联，从个人和家庭延伸到社会各个领域，进而为社会经济、生活带来革命性的影响。

四、综合应用题：本大题共 1 小题，每小题 18 分，共 18 分。

在移动互联网时代，以微信为代表的网络生活平台与智能手机完美结合，为青少年构建了一个与传统截然不同的社会化场域。青少年使用社交媒体不仅能增长知识，扩大视野，而且能加速社会化过程，建立新的社会关系，但人们也担忧虚拟的网络世界会影响青少年对现实世界的认知，特别是对青少年理性辨识能力、价值选择能力以及公共社交能力的形成和培养也造成了不利影响。请你结合实际，分析“使用微信对青少年的影响”。

大纲后记

《手机媒体概论自学考试大纲》是根据《高等教育自学考试专业基本规范（2021年）》的要求，由全国高等教育自学考试指导委员会新闻类专业委员会组织制定的。

全国高等教育自学考试指导委员会新闻类专业委员会对本大纲组织审稿，根据审稿会意见由编者做了修改，最后由新闻类专业委员会定稿。

本大纲由中国人民大学匡文波教授编写；参加审稿并提出修改意见的有北京大学谢新洲教授、中国人民大学赵曙光教授、中国社会科学院黄楚新研究员。

对参与本大纲编写和审稿的各位专家表示感谢。

全国高等教育自学考试指导委员会
新闻类专业委员会
2024年2月

全国高等教育自学考试指定教材

手机媒体概论

全国高等教育自学考试指导委员会　组编

编者的话

手机最初的主要功能是语音通话，但是与互联网的结合使其成为重要的大众传播媒体。手机已经成为迷你型电脑，成为新媒体中的新媒体，成为网络媒体的延伸与组成要素。手机已经从人际传播媒体向大众传播媒体发展，其作为网络媒体的延伸，除具备网络传播的各种优势外，还具有携带方便的特点，是能随时随地使用的新媒体。手机媒体不仅是借助手机进行信息传播的工具，而且是网络媒体的延伸。手机像一张大网，正在整合众媒体，成为媒介融合的新平台。

为适应我国高等教育自学考试教育发展的新形势，培养应用型人才，满足广大考生学习的需要，在全国高等教育自学考试指导委员会的指导下，编写了本教材。本教材旨在帮助学生自学关于手机媒体的特点、理论模型、用户特征、新技术等内容。

本教材的特点如下：

（1）知识结构的完整性、基础性和前沿性。作为一本概论性教材，本书在内容结构方面首先注重知识的完整性，全书内容覆盖手机媒体相关理论和知识；其次重视对于基础理论和基本概念的介绍和阐述，帮助学生打好专业学习的基础；最后力求在书中反映前沿性理论的研究成果和新鲜观点，引导学生在学习过程中积极关注手机媒体产业前沿发展的趋势。

（2）内容安排的针对性和应用性。本教材根据当前行业对于手机媒体专业人才的培养需求，在内容安排上注重理论学习与实践应用的紧密结合。

（3）案例选择的新颖性、生动性和多样性。本教材结合基础理论和相关知识点，选择了大量新颖的案例帮助学生理解和掌握教学内容，在生动体现本书知识点的同时，提升学生融会贯通、举一反三的能力。

本教材由匡文波教授担任主编，完成正文部分的撰写及全部文字的审校。

本教材在编写过程中，参考了许多专家、学者和互联网上未署名者的相关研究成果，吸收了许多观点，在此致以诚挚的谢意。

本教材在策划、编写和出版过程中，得到了全国高等教育自学考试指导委员会新闻类专业委员会的大力支持和帮助，谨表深切谢意。

由于时间、精力和水平有限，书中难免有不妥之处，欢迎广大读者和考生批评指正。

主编　匡文波

2024 年 2 月

第 1 章　手机：从通信工具到新媒体

回顾人类传播史，我们不难发现，信息技术的发展起着历史性杠杆的作用。信息技术的每一次创新都带来了信息传播的大革命，每一次革命都给人类的政治、经济、文化和社会生活带来了不可估量的影响，推动着人类文明不断向更高层次迈进。信息技术的创新强而有力地改变着人类生产与生活的面貌。信息技术得以集中反映的标志就是信息传播方式的变革。人类的信息传播史可以视为信息技术的进步史。

第 1 节　手机的诞生与发展

印刷术、无线电技术、电视技术、计算机网络技术分别造就了报刊、广播、电视、网络四大媒体。今天，无线通信技术与计算机技术、信息网络技术的结合正在催生一种新型的大众化革命性媒体——手机媒体。

一、手机的发展

手机，原本只是一种人们在移动中进行人际传播的通信工具，又被称为行动电话、移动电话。在美国英语中，其拼写为 cell phone；在英国英语中则表达为 mobile phone；在新加坡等国英语中被称为 hand phone。手机经过多代的发展，已进入 5G 时代。

在手机诞生及发展初期，即第一代手机（1G）时代，手机只是能移动的电话，不能传播新闻内容。

1973 年 4 月的一天，一名男子站在纽约街头，掏出一部约有两块砖头大的无线电话，引得路人纷纷驻足观望。这个人就是手机的发明者马丁·库帕（Martin Cooper，见图 1－1）。从 1973 年手机注册专利开始，一直到 1985 年，第一台现代意义上的、真正可以移动的电话才诞生，但是其重量达 3 千克，且不方便携带，使用者要像背背包那样背着它行走。不过从那以后，手机的发展越来越迅速。1999 年，手机的重量降为 60 克，与一个鸡蛋的重量相差无几。除了重量越来越轻、体积越来越小外，手机的功能越来越多，而 1995 年问世的第一代模拟制式手机（1G）只

图 1－1　最早的手机及其发明人马丁·库帕

能进行语音通话。

2G手机除最基本的通话功能外，还可以用来收发邮件和短信、上网、玩游戏、拍照等。2G手机虽然在硬件技术上存在屏幕小、电池持续时间短、上网速度低等瓶颈，但是建立在2.5G（即介于2G和3G之间）技术基础上的各种增值业务，尤其是手机报、手机电视、手机上网、移动商务、移动搜索、手机广告等被广泛使用。在2G时代，手机媒体基本成型。

3G即第三代移动通信系统。国际电信联合会（ITU，简称国际电联）规定，第三代移动通信系统要能兼容第二代移动通信系统，同时要提高系统容量，提供对多媒体服务的支持以及高速数据传输服务。其数据传输速率在高速移动环境中支持144Kbps，步行慢速移动环境中支持384Kbps，静止状态下支持2Mbps。与前两代系统相比，第三代移动通信系统的主要特征是可提供丰富多彩的移动多媒体业务。

手机进入4G时代后，通信信号更加稳定，软件硬件间的兼容性更好，数据传输速度更快，尤其在图片、音频、视频的传输及下载方面有了明显提升。按照国际电联的定义，4G静态传输速率达到1Gbps，高速移动状态下可以达到100Mbps。

5G即第5代移动通信技术，具有高速率、低延时、泛在网、低功耗、万物互联、安全重构等优势，能支持更高效的信息传输、更快速的信号响应以及海量的终端接入。用更形象的话来概括，就是“无与伦比的快”“人多也不怕”“什么都能通信”“最佳体验如影随形”“超实时、超可靠”。5G就是一场革命，它以技术为驱动，从人与人的连接延伸到万物互联，从个人和家庭延伸到社会各个领域，进而给社会经济、生活带来革命性的影响。

2019年10月，中国的5G商用正式启动。截至2024年6月，我国已建成全球规模最大的5G网络，5G移动电话用户达8.89亿，在全球5G用户数占比超52%。我国已完成全国所有地级市、县城城区的5G网络覆盖。5G应用融入国民经济大类超七成，在改变人们生产生活的同时，也为经济高质量发展注入了强大动力。5G以其高速率、低延时、大连接等特性，推动高清直播、虚拟现实、智慧交通、智慧港口、远程医疗等领域的应用创新，助力社会经济高质量发展。

截至2023年底，全球5G人口覆盖率达到45%；5G用户数达到16亿，占移动用户总数的18%。在北美地区，5G用户数继续保持强劲增长势头，5G渗透率达到61%。其次是东北亚地区，5G渗透率为41%。再次是海合会（GCC）国家，约为34%。西欧地区的5G渗透率为25%。预计到2029年，全球5G用户数将超过53亿，占那时移动用户总数的58%。届时北美和海合会国家的5G普及率最高，为92%；其次是西欧，为85%。

二、智能手机

手机分为智能手机（smart phone）和非智能手机（feature phone，也称为功能手机）。智能手机是当今手机发展的主流。智能手机的本质特征是：在硬件上具有CPU，在软件上具有操作系统。

世界上公认的第一部智能手机IBM Simon（西蒙个人通信设备）诞生于1993年，它由IBM与BellSouth合作制造。

苹果公司的 iPhone 是智能手机发展的里程碑。iPhone 是苹果公司于 2007 年开始发售的搭载 iOS 操作系统的系列手机产品。2007 年 1 月 9 日，苹果公司在美国旧金山马士孔尼会展中心举行的 Macworld 大会上发布初代手机 iPhone（iPhone 2G）。2008 年 6 月 10 日，苹果公司在美国旧金山发布 iPhone 3G。据法新社 2024 年 1 月 16 日报道，国际数据公司指出，2023 年苹果公司的智能手机销量超过三星位列第一，苹果公司 2023 年销售智能手机超过 2.34 亿部，占据全球市场 20.1%的份额。这是苹果公司首次占据该市场的最大份额。

2003 年 7 月，华为技术有限公司成立手机业务部；2014 年 9 月 4 日，华为发布的旗舰机 Ascend Mate7、Ascend P7，为华为手机赢得了高端形象，并奠定了华为手机的国产手机技术领导者的地位。2019 年 8 月 9 日，华为发布鸿蒙系统（HUAWEI Harmony OS），这是一款全新的面向全场景的分布式操作系统，创造一个超级虚拟终端互联的世界。

三、手机的媒体化

1981 年，全球首个移动通信网络 Nordic Mobile Telephony（NMT，北欧移动通信）相继在沙特阿拉伯、瑞典和挪威开通。中国首位手机用户出现在 1987 年的广州，用户是广州人徐峰（时任广东中海集团董事长）。

从发明电话至 2001 年，固定电话花了 125 年的时间才使其用户突破 10 亿，而移动电话只花了 21 年，在 2002 年年底就达到这一水平。全球移动用户从 10 亿达到 20 亿只用了 3 年时间。互联网和移动网络通信已经成为 55 岁以下人群娱乐休闲的首选媒体，超越了电视、电台、报纸、杂志和电影院。

在世界许多地区，手机的拥有率已经超过 100%，许多人拥有不止一部手机。智能手机已经实现由人际沟通工具向大众媒体的跨越。

手机媒体的魅力在于它高度的便携性、互动性以及成为互联网的首要接入终端。一方面，手机媒体能够给受众提供新闻信息，用户可以按需获取信息；另一方面，手机媒体具有的互动性也是其突出的特点。手机媒体已经实现了大众化，手机媒体由少数社会精英的“专利”发展为大众化的媒体，同时，手机媒体已经实现了多媒体化、娱乐化等。

第 2 节　手机媒体是新媒体的主体

虽然发明手机的主要目的是用来进行语音通话，但是手机与互联网的结合已经使其成为一个重要的大众传播媒体。人们通过手机不仅可以通话，还可以上网、阅读新闻、收发 E-mail、游戏娱乐、订购商品与服务，等等。手机已不仅仅是现代通信业的代表，而是通信与计算机技术相融合的产物，成为网络媒体的延伸与组成要素。

一、新媒体概述

新媒体（new media）一词源于美国哥伦比亚广播公司（CBS）技术研究所所长 P. 戈尔德马克（P. Goldmark）的一份商品开发计划（1967）。之后，时任美国传播政策总统特别委员会主席 E. 罗斯托（E. Rostow）在向尼克松总统提交的报告书（1969）中也多处使用了“new media”一词。由此，“新媒体”一词开始在美国流行并很快扩展至全世界。

“新媒体”是一个通俗的说法，这一概念严谨的表述是“数字化互动式新媒体”。从技术上看，新媒体是数字化的；从传播特征上看，新媒体具有高度的互动性。数字化、互动性是新媒体的本质特征。新媒体的传播过程具有非线性的特点，信息发送和接收既可以同步进行，也可以异步进行。诸如楼宇电视、车载移动电视等，由于缺乏互动性，所以不属于新媒体的范畴。

与传统媒体相比，新媒体具有即时性、开放性、个性化、分众性、信息的海量性、低成本全球传播、检索便捷及融合性等特征，其本质特征是技术上的数字化和传播上的互动性（互动性，英文为 interactive，国内也有人称其为交互性）。

我们用互动性的标准衡量目前所出现的各种新媒体形态就可以发现，一些所谓的“新媒体”其实只是“新出现的传统媒体”。车载移动电视、户外媒体、楼宇电视就是典型的“新出现的传统媒体”，因为它们缺乏新媒体的本质特征——互动性。对用户而言，车载移动电视毫无互动性可言，它具有封闭的空间、受众无选择性地被动接收信息、不能调换频道、不能屏蔽广告、强制收视、随时移动、随时收看等特征。楼宇电视通过导线传播，具有传统广播电视所具有的特征：对象广泛、时效性强、丰富直观、接收随意、顺序接收、转瞬即逝。因此，按照传输方式划分，楼宇电视可以而且应当属于有线广播或闭路广播之列。

并非新出现的媒体形态都可以称为新媒体，例如：有人用自行车车体甚至人的额头作为广告媒体，但是由于这些媒体既非数字化的，亦不具有互动性，因此不能被称为新媒体，只能被称为新出现的传统媒体。

在现阶段，国内所推广的数字电视只是增加了电视频道，提高了清晰度，依然缺乏互动性，如视频点播尚不普及。数字电视目前依然不属于新媒体。但是，从技术的发展趋势看，电视就如同手机的演化一样，未来的电视会成为电脑的一种类型，在不久的将来，具有互动性的数字电视将成为新媒体阵营的新成员。

目前的新媒体只包括互联网和手机媒体，因为只有这两者才具有真正的互动性。互联网是计算机技术发展的产物，互联网信息传播的基础是计算机，而当今的手机已经不再仅仅是移动电话，智能手机具有 CPU、存储器、操作系统等计算机的本质组件。新媒体的外延见图 1-2。

二、手机媒体已走向大众传媒媒体

手机已经实现了从人际传播媒体走向大众传播媒体。手机媒体作为网络媒体的延伸，除具有网络传播的各种优势外，还具有高度的便携性、私隐性、贴身性。

新一代通信技术使得手机媒体走向成熟。新一代通信技术手机的特点是高速度、多媒体、个性化，不仅能通话，还可以高速浏览网页、参加视频会议、观看电影、即时炒股，等等。手机媒体已经具有新媒体的许多特征，成为人们随身携带的互动式大众媒体。

手机媒体不仅已经诞生，而且其社会影响日益深远。手机媒体是新媒体的重要成员。我们认为，所谓手机媒体，是借助手机进行信息传播的工具。随着新一代通信技术、计算机技术的发展与普及，手机就是具有通信功能的迷你型电脑，而且手机媒体是网络媒体的延伸。

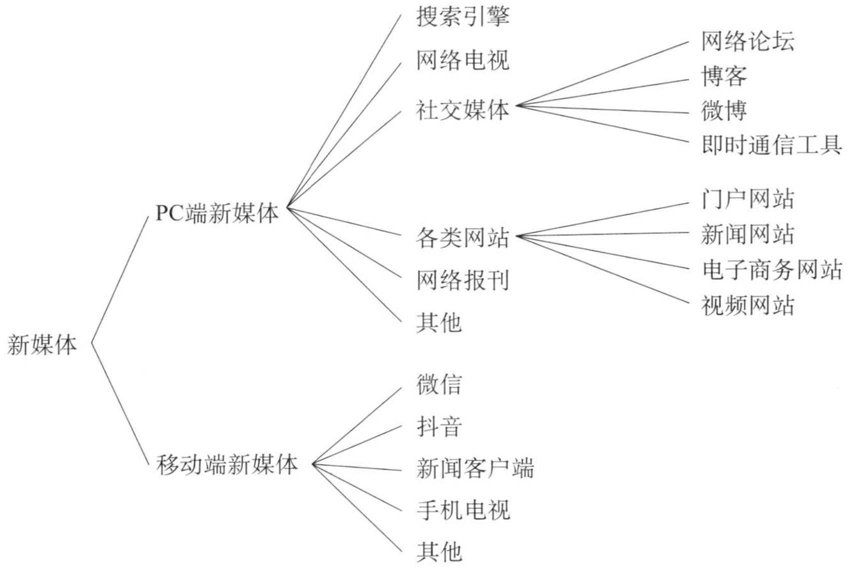

图 1－2　新媒体的外延

概　念

智能手机

智能手机是具有通信功能的迷你型电脑。目前，具有电脑功能的智能手机正在成为移动通信的主流。智能手机具有独立的操作系统，独立的运行空间，可以由用户自行安装软件、游戏、导航等第三方服务商提供的应用，并可以通过移动通信网络来实现无线网络接入。智能手机具有优秀的操作系统、可自由安装各类软件、完全大屏的全触屏式操作感这三大特性。

概　念

媒体与新媒体

媒体又称媒介、媒质，是承载信息的载体。按照《现代汉语词典》的解释，媒体是“指交流、传播信息的工具，如报刊、广播、电视、互联网等”。

新媒体是借助计算机传播信息的载体。手机是具有通信功能的迷你型电脑。手机媒体是借助手机进行信息传播的工具。手机媒体并非独立的媒体形态，即并非第五媒体，而是网络媒体的延伸。

从传播的角度看，作为新媒体的手机媒体拥有其独特的优势：高度的便携性；跨越地域和电脑终端的限制；拥有声音和震动的提示；几乎做到与新闻同步；接收方式由静态向动态演变；受众的自主地位得到提高，可以自主选择和发布信息，信息的及时互动或暂时延宕得以自主实现；实现人际传播与大众传播的完满结合。

手机传播将人际传播和大众传播融为一体，是一种全新的传播类型。根据手机传播的现状，我们可以将手机传播细分为手机中的人际传播与手机中的大众传播两种类型。

概念

5G

5G，即第五代移动通信技术（5th generation mobile communication technology），是一种具有高速率、低延时、大连接等特点的新一代宽带移动通信技术。5G 通信设施是实现人机物互联的网络基础设施。

思考题

1. 请分析手机与计算机的联系及区别。
2. 手机媒体中的人际传播功能与大众传播功能分别如何体现？试举例分析。

在线自测

扫一扫　练一练

第 2 章 手机媒体：新闻学和传播学研究的新领域

互联网不但将传统的三大媒体拥入自己的怀抱，还催生了新的媒体——手机媒体。技术的进步使得移动网和互联网融合的深度不断加强，互联网的内容之门越开越大，信息传递的形态越来越高级，从最初的仅能发纯文字的短信到现在的音频、视频等数据，手机用户还可以在线收看新闻、电影、体育比赛等，也可以利用手机自带的摄像和摄影功能制作多媒体信息。手机媒体和其他几类传统媒体在互联网中实现融合。手机媒体是网络媒体的延伸，作为通信工具的手机必将是互联网的信息终端，它可以呈现其他媒体的内容，也可以为这些媒体制作和传送内容。

麦克卢汉曾说：媒介即讯息。即通常人们认为的媒介内容可以成为讯息。媒介本身的功能、性质、开创性更值得重视。麦克卢汉曾预言，“媒介是人的延伸”。他认为技术的任何进步都会使人类更有效地生活和劳动，媒介具有有机体的性质。报刊、广播、电视事实上是和人分离的，以电脑为终端的互联网实际上是把人给“淹没”了的。而手机媒体的诞生真正实现了人和媒体在时空中的无缝连接，让人感觉到自身拥有控制媒体的能力：媒介既不是和人分离的，也不主宰人，而是“人的延伸”。手机媒体是一种完全以个体为中心而构造的媒体，许多人基本上已是机不离身。

从某种意义上说，每一种新媒体的产生都是弥补之前媒体的不足。被誉为“数字时代的麦克卢汉”的保罗·莱文森认为：数字时代的特征，是用视窗和浏览器选择信息而实现个人化。那么，在数字化以后的时代里，我们则期待与之类似的表现个人选择的载体，只不过将来的载体的用法不同，目的不同，结果也不同而已。从这个意义上讲，手机媒体将是互联网出现以后，即数字化以后的新媒体克服原有媒体的不足、实现自己存在价值的一种方式。它的传播介质将更适于信息传播。它虽然依附于互联网，但拥有自成一体的无线网络。比起有线网络的电脑，基于无线网络的手机媒体对信息的处理更加及时、迅速，互动性更强。小巧玲珑的形体优势，使得它比笨重的电脑更易携带和装饰，从而更符合个体的需要。虽然它的受众群从时空上来讲也是广泛和分散的，但以手机号形式出现的受众比起以网址出现的电脑网民更加固定和容易确定，从而能将受众与传播者间的隔离清除掉。手机媒体拥有两个相对独立的话语空间，一个是点对点的私人空间，另一个是与互联网连接而形成的点对面的公共空间，而“一网打尽”的互联网只有一个互联网空间，里面的各种话语各自割据空间而立。手机媒体人性化传播的特点代表着未来新媒体的发展方向。

手机传播打破了传统大众传播传播主体的机构性、权威性，进而呈现出传受主体的多元交互性及在新的传播模式中权利的分解与集中的特征。

手机传播能够真正实现信息传播的 5W：无论何时（whenever），无论何地（wherever），无论是谁（whoever），都能找到无论什么内容（whatever）和无论什么人（whomever)，即任何用户可以在任何时间、任何地点获取任何信息并联系上任何人。

第1节 手机媒体的特征

手机媒体的基本特征是数字化，最大的优势是携带和使用方便。同时，手机媒体作为网络媒体的延伸，还具有网络媒体的交互性强、信息获取速度快、传播快、更新快等特征，这些特征使得手机媒体能够渗透到人类社会活动的各个层面，并深刻影响人类的传播活动。

一、手机媒体的优势

（一）高度的移动性与便携性

手机媒体具有高度的便携性，信息传播极其方便。有人把手机媒体形象地称为“影子”媒体，因为手机往往24小时不离身，手机媒体以其移动性、便携性的优势实现了边走边看。媒体经济是一种注意力经济，眼球资源成为媒体最短缺的资源，然而受众却有大量的离散时空可供耗费，如等车、候机、坐地铁等，这些都成为注意力的“盲点”。手机媒体随时随地的服务正好填补了人们的离散时空，它通过吸引受众非连续的、间歇的和零散的时间段与空间段的注意力来获得经济收入，创造出“离散眼球经济”。

保罗·莱文森在2004年出版的《手机》一书中，对手机发展做了最乐观的分析。他认为，人类有两种基本的交流方式：说话和走路。可惜自人类诞生之日起，这两种功能就开始分离，直到手机问世，才将这两种相对独立的功能整合起来，集于一身。手机之前的一切媒介，即使是最最神奇的电脑也把说话和走路、生产和消费分割开了，唯独手机能够使人一边走路一边说话、一边走路一边发信息。于是，人就从机器前和禁闭的室内解放出来，进入大自然，漫游世界。无线移动的无限双向交流潜力使手机成为信息传播最方便的媒介。

霍华德·莱茵戈德（Howard Rheingold）在《聪明暴民：下一次社会革命》一书中提到了新媒体全新的沟通模式：互联网的力量从电脑转移到手机上，诞生了全新的社会现象及全新的沟通模式。如果说电视的收视率、报纸的订阅率更多依赖于用户的传统媒体习惯，那么，具有相当可读性、必读性、互动性、新奇性，且类型丰富、能以不同内容和不同形式满足用户需求的手机媒体，就会成为用户随时随地获取信息的新的习惯性媒体。

手机媒体高度的便携性还带来了高度的个性化、私隐性与贴身性，手机是同人们生活黏性极高的“带着体温的媒体”。这就要求手机媒体传播者要按用户的需求提供个性化信息，即真正做到分众传播。

（二）信息传播的即时性

手机传播是一种数字化传播。手机传播速度快、时效性强、范围广、限制因素少，又由于手机用户数量庞大，因此受众群十分庞大。

手机媒体在即时性方面的优势已经彰显无疑。不用打开电脑或电视机，许多受众通过手机媒体就能看到权威媒体机构提供的实时新闻、现场图片或现场视频片段的。例如，不少受众通过手机领略“神六”升空的壮丽场景。新华网发出的第一条有关中石油吉林石化爆炸的图片新闻，不是来自摄影记者，而是由当地居民用手机拍摄并传输的。特别是当遇到台风、地震、山洪等突发性自然灾害时，手机媒体能够进行即时报道，沟通信息，有利于紧急避险。手机媒体还具有即时接收和动态传播的特点，尤其是遇到突发事件时，手机媒体可以像网站一样实现新闻的动态传播。

手机传播更新速度快，更新成本低。手机传播的更新周期可以分秒计算，而电视、广播的周期用天或小时计算，纸质报纸的出版周期以天甚至以周计算，纸质期刊与图书的更新周期更长。手机传播的即时性提高了新闻的时效性。同时手机传播还具有一定的“信息接收的异步性”，例如，一条手机短信发过来，你可以在方便的时候再去阅读与回复。接收的异步性可以使受众不必受媒体传播时间的限制，按自己的需要随时进行信息的接收与利用。

（三）互动性

手机传播是一种开放的互动式传播。传统媒体的传播方式在现实中通常是单向的，传播者与受众双方无法随时随地进行双向沟通。而手机传播既可以是单向传播，也可以是双向甚至多向传播，具有很强的交互性。

手机媒体在互动性方面也有着传统媒体无法比拟的优势。传统大众媒体的重要特点之一就是传播的单向性很强，这一特点导致受众对媒介信息的反馈大部分是事后的、延时的，缺乏即时性和直接性。尼葛洛庞蒂把网络区分为环状网络和星状网络。电视网是典型的环状网络，它的作业方式是“一对多”，而移动通信网则是一种典型的星状网络，是“多对多”的作业系统。其实，我们可以把星状网络界定为“无中心化机构的网络”。基于移动通信网的手机媒体正体现了这一特点——在此传播体系中，传者与受众一律平等，受者亦构成这个传播体系中的一环，传者与受者之间没有明确不变的界限。因此，手机媒体不仅给受众发送他所需要的新闻，更可实现跟踪、材料收集、受众调查、受众评论等多方面的功能，为受众和媒体提供更多更方便的服务，实现了更广泛、更迅速的互动。

较之网络传播，手机传播的出现进一步打破了传统媒介的特殊地位，清除了一般受众进入媒体的障碍，使得每个人都能通过手机行使自己的信息发布权与意见表达权。在这种情况下，传播者和受众的角色发生了变化与融合。就组织机构类型的传播者而言，其既要进行网上信息发布，又要强化受众意识，及时接收整理受众的反馈，及时作出调整，以最大限度地吸引受众，防止受众“用拇指投票”，即不登录组织机构的手机网站或不使用组织机构提供的服务。对普通受众而言，他们随时随地都在传播者和受众的角色之间转换，比如浏览新闻时是受众，发表跟帖评论时是传播者；浏览别人的博客时是受众，开办自己的博客时又成为传播者。手机独具随写、随拍、随录、随发的功能，使每一个用户时刻都能在互联网上发布新闻信息、图片、视频等内容，普通受众的传播者角色得到空前强化。

手机传播强调个人化和人性化，强调用户参与。与传统的大众传播相比，手机媒体在传播类型上具有明显的多样性，集人际传播、群体传播、组织传播、大众传播于一体。手机本身就是人际沟通工具，借助手机媒体，人与人之间的交流渠道变得更加丰富。群体传播在手机媒体上也能便捷地实现，不少手机网站都在倾力打造主题 BBS、专题论坛、手机社区等，以供有共同爱好或需求的用户进行交流。通过手机进行组织传播已经较为广泛，不少单位和部门开发了专门的手机信息发布平台，直接通过手机短信的方式传递组织内的各种信息，例如北京等地的政府部门通过手机短信的方式将突发事件应急信息、市政建设信息等在第一时间告知市民。手机媒体的大众传播功能正在不断加强，一些传统媒体在无线互联网上安家落户，一批以新闻信息服务为特色的手机网站逐渐兴起，具有越来越强大的社会影响力。这些传播类型相互交织，在一定条件下可以相互转化。手机传播具有人性化的特点。保罗·莱文森提出了媒介演化的“人性化趋势”理论，认为人类技术发展是在模仿甚至复制人体的某些功能，是在模仿或复制人的感知模式和认知模式，并认为任何一种后继的媒介都是一种补救措施，都是对过去的某一种媒介或某一种先天不足的功能的补救和补偿。换言之，人类的技术越来越完美，越来越“人性化”。①

作为继网络媒体之后出现的又一新型传媒，手机媒体在很多方面克服了其他媒体的不足，越来越彰显自己的独特个性。手机媒体能实现信息产品和家电产品功能的一体化，实现各种媒体功能的集约化，例如通过手机可以看电视，可以拍摄照片、录制视频并直接传播，摆脱了众多设备和程序的束缚，充分体现了“人性化”特点。手机媒体形体小巧，易于携带，更符合个体的需要。手机媒体是人能够“掌握”和控制的媒体，不像传统媒体那样把人与媒体分离开，或像网络媒体那样把人“淹没”于其中，更能凸显人的主体性。手机是“作为人体组成部分”的媒体，具有有机体的性质，是对“媒介即人的延伸”的生动诠释。

（四）受众资源极其丰富

衡量一个媒体是否具有竞争力的重要指标就是其现实和潜在的受众数量，而对手机媒体来说，最不用担心的就是用户资源。手机用户数已远远超过网民与报纸读者的数量，全球人手一部手机的时代已经到来。与国内发行量最大的报纸、杂志，点击率最高的网站，以及客流量最大的车站、地铁等场所的户外媒体相比，手机媒体拥有数量更庞大、类型更广泛的受众群。

手机已经不再仅仅是简单的通信工具，它的快速发展改变着人们的日常生活方式，成为传播、整合信息的设备，甚至是个人数字娱乐中心。未来移动通信产业发展的主要目标是从用户数量的扩张转移到人均利润最大化。虽然在许多成熟的市场中，手机的拥有量已经达到饱和，但在利用手机进行信息传播以及盈利等方面却仍处于起步阶段。

（五）多媒体传播

手机的信息处理功能日益强大。上网、拍照、录音、摄像已逐渐成为不少手机的基本配置，多媒体手机逐渐普及。手机的操作平台也发生了很大变化，手机电脑化趋势迅速发展，基于 Android（安卓）、苹果 iPhone OS、鸿蒙等操作系统的智能手机，具有传统的以通话为核心功能的手机所不具备的信息处理能力，且该能力还在不断提升。新推出的一些手机还整合了移动博客、即时通信等最新应用功能，手机的信息处理和信息传播功能不断增强。

---

① 保罗·莱文森．手机：挡不住的呼唤．何道宽，译．北京：中国人民大学出版社，2004：6－7.

目前手机传播是一种多媒体的传播。它可借助文字、图片、图像、声音等任何一种或几种表现手段的组合来进行传播活动。这种具有立体效应的多媒体传播组合可以更加真实地反映所报道的对象，给受众带来逼真而生动的感觉。手机传播的新闻也可以是多媒体的。

令手机真正成为大众媒体的催化剂是新一代通信技术，它不仅是一种高新技术，而且是一种新兴的产业，是移动通信发展的方向。随着技术的完善、用户认知的不断提高和独特运营模式的逐渐形成，手机将可以更快更好地承载目前各种媒体的传播方式和内容，手机媒体及相关产业的巨大潜力也将随之得到显现。在 3G 基础上，像文字、图片、音频、视频、网页、电子邮件、实时语音和实时影像等功能均可以实现，而这些传统的与新颖的功能结合在一起，所能带来的不仅仅是集中发力的冲击，还有为不同需求、不同终端的用户提供不同的内容，满足他们的不同需求，也可通过多种形式形成一定的互补和替代，确保同一类内容在手机媒体中以不同的形式实现最广泛的传播。

（六）手机也是新闻采访的重要工具

手机媒体技术的迅速兴起使得全世界几乎所有普通的民众都能够拍下突发新闻并迅速将之发到互联网上，世界见证历史的方式正在因此而发生改变。有些西方学者把这种现象称为“草根新闻”，只要有手机就可做“草根记者”。

以前只能靠人脑记忆的事件现在可以以几百万像素的精度，在几秒之内完整地传遍全球各个角落。2000 年，拍照手机的问世更是将这一趋势推向了新的高潮。图片的作用也日趋增强，警方在审理抢劫、恐怖活动等案件时，越来越依靠现场图片的证据。保险公司在处理交通事故时，除了听取当事人的陈述、回忆外，手机照片也成了重要的佐证。

（七）私密性

手机媒体是一种十分个人化的媒体，不像电视那样方便家人共同观看，也不像报纸那样方便多人相互传阅，而是带有鲜明的个人色彩、贴着个性化标签，具有很强的私密性。每一个手机终端对应一个具体的受众，这比互联网 IP 地址更能准确跟踪用户信息及行为。对信息服务提供商来说，信息传播可以针对不同的受众群体甚至特定用户来设定，从而提供有吸引力的个性化服务，满足受众的个性化需求。对手机媒体用户来说，其自主地位得到提高，自由选择和发布信息的权限扩大，私密性得到保证。

（八）整合性

手机是媒介融合的重要平台。手机媒体能整合多样的传媒形态，承载报纸、广播、电视等传统媒体的内容，并充分发挥出网络媒体本身所具备的一切传播优势。手机媒体能整合多元的传播主体，将电信基础运营商和各种类型的服务提供商（SP）、内容提供商（CP）融合到一起，将生产信息、传播信息的传者与接收信息、消费信息的受众合而为一。手机媒体能整合多样的传播方式，既可实现点对面（手机网站对用户）、面对点（多个用户向网站反馈信息）的传播，也可实现点对点（单个用户对单个用户）、一点对多点（聊天）、多点对多点（群组）的传播。

（九）同步或异步传播有机统一

手机媒体将同步传播和异步传播有机整合到了一起，即用户借助手机媒体，既可以实时接收传播者传递出来的信息，与其他用户进行实时交流，也可以选择其他任何自己愿意的时间接触传播者传递出来的信息，与其他用户进行跨时间交流。这与网络媒体传播模式的特征十分相似。手机媒体的特殊性在于，由于手机是与人形影不离的传播工具，因而能有效缩短甚至消除异步传播的时间差，实现同步传播与异步传播的有机统一。比如，电子邮件是异步传播方式，但手机邮箱的邮件到达提醒功能却能让用户更快知晓邮件内容；即时通信工具具有留言功能，但手机即时通信的留言提醒功能可以让用户不必被动地等到下次上线才去提取。

二、手机传播的不足

手机作为媒体最大的优势在于其便于随身携带。手机媒体是一种数字化新媒体，它作为网络媒体的延伸，延续了网络媒体的许多特性（包括不足）。在现阶段，手机媒体存在以下不足之处。

（一）助长虚假与不良信息传播

一些不法分子发布虚假信息，大肆招摇撞骗，各种淫秽信息和流言蜚语借手机流传，这些现象败坏了社会风气并误导公众，导致社会秩序的混乱。手机的普及还导致了信息垃圾的泛滥。

（二）侵犯个人隐私

针对越来越多的不法之徒利用手机等电子产品的拍照功能进行偷拍，一些国家和地区的立法机构开始介入。例如我国香港律政司建议引用普通法的“破坏公众体统罪”控告偷拍者，以取代目前刑罚较轻的“游荡”罪名，疑犯一经定罪，最多可判入狱 7 年。韩国要求用手机拍摄时必须自动发出响亮的快门声，以有效制止手机偷拍现象。日本政府制定了规范，禁止在公共浴室、更衣室等偷拍高发地点使用照相手机。英国政府禁止人们携带手机进入任何可能进行偷拍的公共场所。美国芝加哥市规定，在公共浴池和淋浴间，未征得当事人允许，禁止对其进行拍照。芝加哥市议会提议对违反该规定的人处以 5 美元至 500 美元的罚款。

（三）信息安全隐患

局部战争表明，手机已经成为国家安全的重要环节。智能手机正使得乌克兰战争成为历史上记录最详尽的战争，改变了这场冲突的形态，也改变了世界对它的理解。乌克兰境内及周边有数以百万计的智能手机，它们每一个都是传感器，可以提供记录地点和时间的数据。它们的麦克风和相机可以记录和传播描述战争事实的声音和图像，或为宣传提供工具。这些记录使得调查人员能够为冲突建立大量声像档案，最终可能为战争罪行提供清算的证据。这些手机通过用户的有意或无意参与被用于识别军事目标，并评估损害。它们让普通人有办法向军方提供目标信息，模糊了平民和战斗人员之间的界限。

尽管手机媒体存在不足之处，然而手机作为新媒体已经实现移动电话媒介身份的突破，正在成为人们随身携带的信息系统。手机作为新的传播终端，以高效、便捷、及时、互动的特性，为人们提供更为丰富、更为个性化和随时随地的信息服务。这将是一种不同以往的、向传统媒体发起挑战的、全新的文化生产样式和信息传播渠道。

从手机媒体的特点来看，它完全不同于传统媒体，而是和网络的传播特性较为接近。其功能是多元合一的，比如，通话时手机就是移动电话，发短信时就是文字媒介，上网时就是网络媒体。应该说，手机媒体是网络媒体的延伸。

手机庞大的用户群已经构成了大众传播所必需的大量的、分散的受众。手机的特点在于随着其功能的日益强大，它正逐渐从通信工具向信息平台转型。

作为具有信息载体功能的终端，手机在实现自身基本功能属性的过程中，与海量的终端用户直接接触，因而有可能把特定信息进行最大限度的有效传播，进而达到一种类似甚至超过传统媒体的大众传播效果（无论是在广告还是新闻方面）。在当今这个信息爆炸的年代，现代社会正以细胞裂变的方式不断地制造信息，传统媒体在满足人们日益增长的信息需要时也遇到了各种局限，渴望自己的信息能够更快、更好地传递给它们的目标客户群体。对传统媒体而言，手机媒体就是一个极佳的突破点。这种供求关系的扩张，使得将传统媒体的优势和手机的优势结合起来成为可能。

第 2 节　手机传播带来的冲击

手机媒体的传播模式和传统的大众传播模式迥然不同，与网络媒体的传播模式也存在一定差异，具有自己的特点。需要强调的是，手机媒体本身还处在走向成熟的过程中，传播模式的一些特性尚未充分体现出来。

一、改变现有传播格局

媒介技术发展一般会经历三个阶段。新媒介最初问世时是供人娱乐的玩具，谁也没有特别注意它们提供的内容；人们习惯新技术之后，技术就退居次要地位，人们开始对内容做出回应；当媒介进入第三阶段后，就不但要反映现实，而且要重新安排、构建现实。手机媒体的发展也正在经历这样一个过程。手机媒体的发展改变了现有的传播方式，打破了传媒业和通信业之间的界限，打破了有线网和无线网的分割，兼容整合各种媒介形态，塑造新的传播格局。

（一）形成新的交流环境

"媒介即讯息"，手机给人类信息传播提供了无限的想象空间。手机重要性的上升及功能的增强，正在形成一个瞬间完成传播、全方位包围我们头脑的新的交流环境。在这一新的交流环境里，信息传播空间发生了变化：传播者和受众的距离被消除了，以手机号码形式出现的用户比以 IP 地址出现的网民更加固定和容易确定；传受双方的界限被打破了，在后传播时代，从理论上说，每个人几乎都有可能成为传播者，传播机构和个体受众的区别也被缩小了；全球化传播渠道更加畅通了，手机即时通信、手机博客、无线互联网等很可能实现全球互联互通，地理上的区隔被进一步打破，"地球村"进一步变成现实。信息传播的时间也发生了变化，静态的信息接收方式向动态实时接收信息转变，信息的及时互动或暂时延宕得以自主实现。人际交流的话语空间也通过手机媒体实现了有机整合，点对点的私人空间和连接无线互联网形成的点对面的公共空间既能相对独立，又能即时贯通。

（二）媒体生态更加复杂

手机作为一种崭新的传播媒体，使媒体生态更加复杂，传播主体更加多元，受众分化更加明显，舆论引导难度明显加大，对既有的信息传播秩序带来了深刻冲击，特别是对传统的媒体格局和当前的新闻宣传工作带来了前所未有的深远影响。

我国正处于传媒事业高速发展、传播技术深刻变革的时期，媒体数量十分庞大，新型媒体不断涌现，传播渠道多种多样，媒体生态环境日益复杂。不同媒体间的竞争态势也较为明显。一方面，各种内容提供商、服务提供商、网络运营商纷纷开展手机媒体业务，无线互联网领域的竞争将逐渐加剧；另一方面，手机媒体迅速发展可能导致部分传统媒体覆盖面有所缩小，甚至出现被无线互联网边缘化的情况，主流舆论阵地面临新的压力。

（三）传播主体更加多元

相对于网络媒体，手机媒体的发展使介入新闻信息传播的主体进一步趋于多元。手机媒体的个人化趋势十分明显，普通手机用户可以通过手机方便地采集、发布信息，"个人媒体"有可能得到较大发展。可以预计，传播主体将日益多元化，特别是个人掌握的传播工具越来越多，在信息传播中的地位空前提升，个人发布信息、形成舆论、"动员社会"、"穿透"管理的能力不断增强，同时，产生不良信息和不可控因素的可能性大大增加，不可避免地对主流舆论形成冲击。

（四）受众分化更加明显

人类的新闻传播活动经历了从小众传播到大众传播、从大众传播到分众传播的漫长过程，这一过程的产生有复杂的社会历史原因。现在，人们在获取信息的途径、接收信息的方式、需求信息的类型、选择媒体的偏好等方面的差异越来越大，媒体的专业化、小众化传播趋势日益明显，受众群体分化趋势逐步加剧。手机媒体更多地体现了以个人为单位的个人兴趣及个人需求，是完全个性化的传播平台。手机信息传播将会最大限度地体现个人的差异和需求，最大限度地实现在信息需求方面的个人价值。手机媒体的应用和普及，必然会进一步改变人们的信息获取途径和接收方式，推动分众传播、小众传播更深入地发展，这也会在一定程度上弥补传统主流媒体到达不了某些特定受众群体而影响新闻宣传效果的不足。

二、冲击舆论调控机制

手机信息传播的舆论化趋势为用户提供了一个自由的言论平台，使得人们获得了更大的表达空间。但手机媒体的互动性、开放性、匿名性等特性，以及传播内容的不可预知性、群发转发的不可控制性，使得"把关"难度增大，"把关机制"失效或缺失，加之整个行业发展环境和手机媒体环境还不规范，手机信息传播的舆论化也带来了一系列现实的和潜在的问题。

（一）对传统的舆论调控机制的冲击

手机媒体的出现使得信息传递更加及时，传播范围更加广泛，形成了一个"无所不在”的5A网络环境。从理论上讲，通过手机媒体，任何人（anyone）可以在任何时间（anytime）、任何地点（anywhere）通过文字、声音、图像等任何媒介（any media）传播任何信息（any message）。这对传统的舆论调控机制造成了深刻影响。从对热点关注引导的影响看，手机媒体特别是手机媒体与网络媒体相结合，可以使个别媒体报道的地方性事件迅速演变成全国媒体关注的对象，由“局部热点”迅速演变成“全局热点”；手机媒体可以在几天甚至几小时之内就炒作出一个“××事件”或“××现象”，而且往往事先难以发现征候，事后难以找到责任主体，因而造成较大负面影响。从对正面宣传的影响看，手机媒体传播形式多样且信息内容庞杂，很容易将正面宣传的内容淹没，难以产生预期的社会效果，而错误的观点、非理性的舆论却有了传播渠道和生存空间，这对传统的舆论调控机制构成了冲击，对如何确保舆论导向正确提出了新的挑战。

（二）冲击信息传播秩序

一方面，伴随手机信息传播的舆论化发展，一些捕风捉影的流言、谣言迅速扩散，垃圾信息无孔不入，低俗信息大行其道，少数手机网站提供的黄色小说、图片、视频浏览或下载业务“受到追捧”，扰乱了无线互联网的信息传播秩序；另一方面，手机信息传播舆论化带来的不是信息的平等，而是在传统媒体、网络媒体已经造成的信息不对称基础上加剧了这一趋势。早在20世纪70年代，美国传播学者蒂奇诺（Tichenor）等就提出了“知沟”理论假说：由于社会经济地位高者通常能比社会经济地位低者更快地获取信息，因此，大众媒介传送的信息越多，这两者之间的知识鸿沟也就越有扩大的趋势。这一理论随着网络媒体的产生和发展继续得到验证，而作为媒体发展的最新态势，手机信息传播的舆论化趋势更是加强了这种信息不对称的情况。

（三）冲击媒体发展环境

手机媒体要得到社会承认并取得相应地位，就必须在一个良好的媒体生态环境下健康发展，并逐步建立起一套成熟的运作体制和有效的“把关”机制，从而积聚起足够的公信力。但是，手机信息传播的舆论化趋势不断冲击手机媒体发展环境，影响手机媒体公信力的建构。进而言之，一方面，手机传播技术造成的“把关人”缺失和“把关机制”失效，加剧了手机媒体的舆论化趋势。手机媒体融合了点对点的线性传播及面对面的网状传播等特性，从理论上讲，传播路径是无限的，无论是政府在宏观层面建立的“把关机制”，还是运营商、服务商在微观层面建立的“把关机制”，都会存在漏洞和滞后等问题，这就使得“把关”的难度大为增加，甚至变得不可能，同时也就使得手机媒体舆论的自由空间很大，舆论化趋势不断加剧。另一方面，手机媒体的舆论化趋势又不断冲击“把关人”和“把关机制”，越来越多的人通过手机媒体提供的平台自由表达意见，或许这些人都希望成为“意见领袖”，因此，手机媒体上的舆论变得更加多元，传统的“把关机制”受到的冲击增大，手机媒体的发展环境也更加复杂。

三、手机媒体的发展导致社会控制进一步弱化

对于传统的大众传播媒体来说，社会控制不难实施。国家和政府通过规定大众传播体制和制定有关法律、法规和政策，来保障媒介活动为国家制度、意识形态以及各种国家目

标服务，包括对媒体的活动进行法制和行政的管理，对媒体的创办进行审批登记，限制或禁止某些信息内容的传播，分配传播资源，等等。

对于手机媒体而言，社会控制存在相当大的难度。由于手机传播信息容量的无限性、物质载体的无形性与信息受众数量的海量性，要想全面及时地控制手机传播几乎是不可能的。

在手机传播中，社会舆论将更加分散。随着市场经济的冲击以及观念的开放，受众结构已经发生分化，变成一个个有着不同愿望和需求的“小众”群体。主体意识的增强使得受众的参与意识较之从前有了很大提高，手机媒体的发展促进了个性化传播趋势。除了传播方式的变革外，我们的政治更加民主化，经济、文化、社会和个人生活、学习、工作都更加多样化，这些都加速了个性化传播趋势。互联网、手机媒体等数字化新媒体的发展，不仅使人们的信息来源大大增多，选择余地大大扩大，而且促使人们独立思考和判断的能力得到加强。如果受众眼界开阔，文化程度高，独立思考、判断的能力和习惯增强，盲从度会大大降低。具备这样素质的受众与生活的多元化、各种选择机会的丰富多样相结合，受众个人的独立性和自主性便会很强，受众需求的个性化程度相应提高。

数字时代被认为是一个尊重个体的时代，它更重视人们个人意见的表达与个性的发展，所以相对来说，传统的从众心理可能会表现得较弱。数字社会将是一个舆论更分散的时代。同时，未来的世界又是一个移动互联的世界。手机作为新的信息终端、新的传播载体与新的媒介形态，正在彰显自己的影响力。

第 3 节　手机用户特征研究

与网民的发展历程一样，手机用户也经历了一个由“贵族化”向大众化、平民化的转变。网民在互联网发展的初期，呈现出所谓的“贵族化”特征，手机的初始用户基本上是经济富裕的商人、企业家与政府官员。目前中国的手机用户已经表现出明显的大众化和平民化特征。

一、为什么要称手机用户而不说手机传播中的受众

受众，简单地说，便是接收信息的人。传统上的受众是观众、听众、读者的统称。受众，在传播过程中是信息到达的终点（信宿），传播过程可以简要表示为：信息→新闻传播者→大众传媒→受众→极少量的信息反馈。在这里，受众是与传统的新闻传播者相区别的一个相对固定的群体，在信息传播过程中，他们只能被动地接收新闻传播者所传播给他们的完全一致的信息内容。而在受众选择性很大的网络传播与手机传播中，受众摆脱了被动的地位，成为与从前的新闻传播者一样的主动的信息传播参与者。

由于手机传播具有主动性和交互性，手机传播中的受众——手机用户也有着传统媒体受众所不具备的许多新的特点。手机传播中的传播者和接收者可以在瞬间进行角色转换，这种转换在短信传播中表现得十分明显。在手机传播的许多情况下，信息的传播者和接收者在动态上难以清晰区分，两者的界限比较模糊。当然，手机传播中的传播者和接收者在静态上还是能够区分的。

二、手机传播的便携性、互动性、主动性和选择性

从受众的角度看，手机传播具有高度的便携性、互动性、主动性与选择性。

手机传播的互动性使得传播者与受众之间的关系发生了一定的变化。手机传播的互动性带来受众的主动性，在手机传播活动中受众的参与性大大增强。

传播学理论认为，任何传播行为，尤其是大众传播，都应该是双向的，只有及时获得受众反馈才有可能获得理想的传播效果。由于受到经济技术条件的限制，传统媒体的传播方式基本上是单向的，受众处于被动接收的地位，而互动性则使手机传播的传播过程成为一个闭合的回路，这将有助于媒体便捷、低成本地搜集受众反馈信息，从而提高传播效果。

在传统的大众传播模式中，受众反馈几乎都是一种“延迟”行为，大众传播中的反馈不能像人际传播中的沟通那样得到及时的回应，而且就传播资源、传播能力及传播时间而言，传受双方是不平等的，反馈在大众传播中是一个薄弱的环节。尽管在现代大众传播中，传播者充分注意到受众的反馈意见，诸多媒介设置了一系列渠道，实现了传受双方之间的直接对话，但是这种沟通仍然不能及时、准确和全面地反映所有受众的意见。

与传统媒介最大的不同是，手机媒体拥有类似网络媒体所具有的互动性（interactive）。手机媒体是双向和多向交流的媒体，“互动性”是手机传播较之传统媒体的一大优越性。作为网络媒体延伸的手机媒体继承了网络媒体互动性的特点，并且具有了网络媒体所不具备的高度便携性。手机受众享有前所未有的移动性与参与度，成为媒体的一部分。受众由被动变为主动，自由地从媒体中选取所需信息，也可以参与媒体的传播活动。信息的提供者与信息的接收者相互之间可以迅速反馈信息，受众与传播者之间可以相互选择与沟通。

从传播学的角度看，手机传播的交流手段更加方便，交流速度不断加快，实际上也带来了交流频率的增加和交流内容的扩大。手机传播的这些特点使它在新闻信息的传播方面有着不可比拟的优点。手机新闻信息一般都短小精悍且更新快，因此要求传播速度快和范围广。

手机媒体的魅力还在于它带来的增值服务以及消费者对它的认同。一方面，手机媒体能够给受众提供分类新闻信息。按需求发布使得新闻信息的传播具有了人性化趋势，新闻的时效性也由于其动态传播和即时接收等特征而进一步加强了。另一方面，手机媒体具有的互动性是其另一突出的亮点。受众总是希望参与到新闻的讨论中来，寻求与编辑、记者对话和交流的机会，传统媒体的受众基本处于被动接收信息的状态，意见和观点反馈在即时性方面与手机媒体相比难以望其项背。

三、手机用户动机分析

动机的原始含义是引起（或发生）动作，心理学把人们经常以愿望、兴趣、理想等形式表现出来的，激励人们行动的主观因素称为动机。动机是行为发生的先导和条件。手机用户上网的动机主要有以下方面。

（一）获取信息

获取信息是手机用户中最普遍、最常见的一种需求。

（二）休闲娱乐

休闲娱乐是以追求精神享受和放松为目的的一种动机。手机用户通过手机媒体可以增

加见闻、满足好奇心、打发时间、寻求快乐、放松情绪、消除烦恼和疲劳、释放日常生活带来的种种压力和烦恼。

（三） 追求时尚

时尚心理是一种普遍的心理现象，它存在于许多领域。一些人频繁更换手机并无明确的目标，而只是追求一种时尚，以获得一种心理上的满足。

此外，追求便利也是手机用户的动机之一。事实上，手机用户的动机十分复杂，手机用户上网往往是多个动机综合作用的结果。

第 4 节　拍摄手机对新闻传播的影响

拍摄手机是手机通信功能与数码相机拍摄功能的结合体。虽然拍摄手机的成像原理与数码相机基本一致，但并不能因此将两者画等号，因为拍摄手机是以手机为载体的，手机自身的特点必将给相机的摄影和摄像功能赋予独特的性能，甚至可能出现 1＋1＞2 的效果。因此在对拍摄手机进行传播学解析时，我们把它和传统胶片相机、数码相机进行比较，以总结出拍摄手机的媒体优势和自身独有的特点。

一、拍摄手机的传播特性

（一） 操作的低门槛与传输的快捷性

使用拍摄手机不需要专业的摄影技术，拍摄影像的门槛比数码相机更低。

手机易携带，用户在工作、空闲、日常休息等各种情况下只要想拍就可以拍。相比数码相机，手机的传输也更加快捷，所拍摄的图片和短片只需按“发送键”就可传输给任何一个人，容易保存和转移，能通过复制进行大范围传播。而数码相机需要先将图片通过数据线上传到便携式电脑上，缺了数据线，图片就无法传播。

（二） 拍摄的低成本与高成功性

拍摄手机的低成本包括两方面：一是使用成本低。二是在特殊场合中使用的风险成本低。这主要是针对在突发事件或特殊场合中由于各种原因而限制拍照的情况，例如记者为获取第一手素材的揭黑报道。拍摄手机体积小，拍照隐蔽性高，因此不易受怀疑，降低了风险度，但也引发了普通受众偷拍、侵犯隐私的问题。

拍摄手机拍摄的高成功性是与数码相机一脉相承的。用传统相机拍摄图像，在拍摄现场不可能马上知道拍摄的效果如何，一旦拍摄失败将无法挽回，这是新闻摄影记者最怕发生的事情，但是又无法避免。而用拍摄手机拍摄的图像可以即拍即看，如果拍得不好，可以当即删除并重新补拍，极大地提高了拍摄的成功率。

（三） 编辑的随意性与个性化

传统胶片相机拍摄的影像如果要制作成特技图片，可能要花上几天或者更多的时间并耗费大量的材料，而且制作出的图片质量还不一定很高。数码相机的影像编辑仍然离不开计算机和相关的图片制作软件，而拍摄手机的影像编辑却将一切都简单化了，很多手机都自带图片编辑器。

从以上拍摄手机的传播特性可以看出，它提供给受众的“报偿保证”要高于传统胶片相机和数码相机。另外，由于手机传播的即时性，手机图片可以瞬时传输，并且目标精确、抵达率高。拍摄手机可以实现随时、随地、随拍、随传、随编，其使人们满足需求的“费力程度”要小于其他类型相机。

综合以上分析，相对于传统胶片相机和数码相机，拍摄手机更有可能成为受众首选的传播媒介。

二、拍摄手机对新闻传播的影响

丹尼斯·麦奎尔（Denis McQuail）这样解释大众传播：“大众传播是由一些机构和技术所构成，专业化群体凭借这些机构和技术，通过媒介（如报刊、广播、电视等）向为数众多、各不相同又分布广泛的受众传播符号的内容。”①

从丹尼斯·麦奎尔给大众传播下的定义中，我们可以概括出一个完整的新闻传播过程，即新闻传播是由受过专业训练的记者、编辑等采集素材进行信息编码，由新闻传播媒介向大众发布，大众接收后再进行信息解码的过程。传播链的一端是相对少数的职业传播者，另一端是不确定的、分布广泛而数量众多的大众。随着拍摄手机逐渐成为传播新闻和信息的新工具、新渠道，传播链中的传者与受者的身份结构发生了改变，新闻生产系统也随之发生变化，从而让整个传播流程变得更为复杂。

（一）受众参与新闻生产，新闻摄影受到挑战

由于不同的媒介具有不同的参与条件，所以具有不同的社会偏倚。拍摄手机的易操作、易掌握和易获得为大众开启了参与之门。

在过去的传统新闻传播中，由于时间、空间、人力和传播手段等限制，只有媒体才拥有具备实质效能的传播工具，而受众只是接收信息的群体，他们要发表自己的创作和想法，都要先经过传播者的生产程序。但现在，这种单向的传播方式已经彻底改变了，受众也成为传播者，并轻易地通过互联网把自己的任何自我表现都进行公开传播，他们对人生的各种态度都可以无遮掩地展露在自拍的手机镜头下。

从技术层面看，拍摄手机和单纯的数码相机的区别仅仅在于手机的通信功能，但正是这一点决定了质的差别——手机的通信功能使它成为非专业人士随身携带的必需品，而无论功能多么齐全的数码相机也不具备这样的客观强制性。专业摄影记者无论多么勤奋也不可能出现在所有新闻事件的第一现场，加之媒体对来自第一现场的照片并没有技术质量上的苛求，并且拍摄手机在拍摄的同时又具有传输功能，可以从现场不经转换直接上传到媒体系统，因此在现场感和时效性上拥有得天独厚的优势。于是，越来越多的受众手持拍摄手机，“时刻准备着”把第一时间所见的事情，包括新闻事件拍摄下来。这些拥有拍摄手机的普通人于是就成了“专业队”最好的替补，昔日专业摄影记者独享的“奶酪”被越来越多的人瓜分。

---

① 丹尼斯·麦奎尔，斯文·温德尔．大众传播模式论．祝建华，武伟，译．上海：上海译文出版社，1990：7.

伦敦大爆炸是一个标志性的历史事件，拍摄手机为媒体提供了大量记录爆炸现场的照片。2005年伦敦爆炸幸存者用手机抓拍的现场首张新闻照片，作为悲剧的第一见证而占据了包括美国《纽约时报》《华盛顿邮报》在内的欧美媒体的重要位置。在大爆炸事件成为重要新闻的同时，“手机照片上头版”本身也成为新闻。英国媒体认为，在袭击中拍摄手机的使用标志着公民记者（public/civic journalist）的诞生。

由于拍摄手机的普遍应用，新闻摄影乃至整个新闻界面临更多的压力和挑战。其实，技术的发展与工具的普及一直在为这一天的到来做着悄无声息的铺垫，但谁也没有预料到拍摄手机的潜力会以这种形式、在这么快的时间内得到验证。

在国内，我国权威媒体新华网发出的第一条有关中石油吉林石化爆炸的图片新闻也不是来自摄影记者，而是当地居民用手机拍摄传输的，因为他们往往能够比记者更早接触到新闻事件。目前，世界范围内的一些媒体和网站也正在掀起一股“业余”记者热潮，它们纷纷将新闻图片的发布大门向“非专业”人士敞开。

（二）受众掌控舆论的主动性获得提升

拍摄手机将拍摄图片和生产视觉信息的权利最大限度地进行“民间”释放，使新闻资源获取不再是传统职业传播者的专利，而成为普通受众人人可为的行为，给予受众前所未有的参与新闻生产的机会。当“眼前事”迅速成为“报上事”，报纸与自己的距离如此之近，受众甚至可以体会到由自己发布信息的乐趣，而受众也由被动地单纯接收信息变为主动地参与信息发布，新闻传播过程由此呈现出更为积极活跃的特征。

这些来自民间的生动叙述和其中所隐含的大众观点展现的很有可能是事件的另一个真相，当它们广为流传时，实际上也不知不觉地改变着媒介传统的叙事风格，影响着社会舆论的走向。因为，现在只要有一部拍摄手机，受众就有条件及有能力决定什么是重要的。

在一些突发性事件中，受众开始拿起手机拍摄照片或录像，从东南亚海啸、伦敦地铁爆炸事件到新奥尔良飓风，普通受众在“正确的时间，错误的地点”用手机拍摄的照片成了新闻媒体的一个“异象”，它正以意想不到的数量与速度显示出“沉默的多数”参与公共话题的热情。在今后媒体的报道中，特别是突发性事件报道中，手机照片或手机音频、视频将越来越多地出现在报纸版面或电视屏幕上。

随着手机功能的日益完善，除与传统媒体进行互动之外，受众还可以利用拍摄手机在新闻现场直接制作新闻成品发送给传统媒体。从这个意义上讲，任何手机用户都有可能成为大众传播机构的传播者。这必然会对现有媒体中的采编人员产生不小的影响。

三、媒体与拍摄手机“合作”

当遍布街头巷尾的芸芸众生都成为“新闻摄影记者”时，毫无疑问，媒体所能获得的新闻素材将远远超过由专业摄影记者捕获的新闻图片，尤其是在一些突发事件的情况下，摄影记者来不及赶往现场时，在场者的手机图片就成为珍贵的第一手资讯。

荷兰最大的报纸《电讯报》一个月内就有两次在首页刊登了由业余摄影者使用手机拍摄的照片。一位名叫阿伦·波思科马（Aron Boskma）的行人，在阿姆斯特丹的犯罪现场用他的手机拍了一张照片。而当摄影记者赶到现场的时候，受害者的尸体已被用布盖上了，所以波思科马的照片成为唯一一张显示电影制作人兼专栏作家范·谷夫（Van Gogh）被刺的照片。

在过去，业余录像和照片也曾为重要新闻事件提供过唯一的注解或图片，但随着随身携带拍摄手机的普通人越来越多，抢拍到的照片被刊载的机会就更大了。新闻媒体也充分利用社会手机图片和手机视频资源主动拓展稿件来源与新闻线索收集渠道。大众只要拿起手机随时随地抓拍发生在身边的新闻，就能从被动的接收者成为主动的发现者和传播者。我们有理由相信，拿起手机，大家都是记者。对于很多媒体来说，这既是挑战也是机遇。

随着具有高分辨率数码照相功能的手机的普及，新闻媒体收到的来自读者的数码图像越来越多，这无疑为编辑部提供了更多更有实效性和现场感的图像。

四、专业记者的新武器

手机对于新闻工作者来说，早已成为必不可少的联系手段和发稿工具。随着数字照相机和数字摄像机的微型化并与手机相结合，随拍随发新闻现场图像成为现实。多媒体信息服务（MMS）业务可以帮助记者用手机自带的数码相机拍照片，用手机录音器录制声音，再用手机书写功能写下几句说明，并通过无线网络发给值班的编辑——一则现场报道就这样完成了。

2001 年 4 月中美撞机事件发生后，美国 CNN 的一名记者正是用这种手机摄像功能抢先偷拍和传输了美方机组人员离开中国的独家画面，在播出时效性上占尽了先机和优势。至于其他没有抢得独家画面的美国各大电视台，都只能使用唯一被中方所允许使用的美联社电视台所拍摄和传送的录像画面，在时间上晚了 CNN 一步。美国两大报《纽约时报》和《华盛顿邮报》网站为了报道的时效性，在首页上也不得不转发 CNN 记者用手机传回的画面。

随着技术的进步，拍摄手机的图片质量得到了极大的提升。拍摄手机还使记者在特殊场合的拍摄更具有隐蔽性。在隐性采访过程中，记者如果举起数码单反相机拍照肯定会有风险，为了获得真实的情况，记者便在一种极其隐蔽的情况下，用随身携带的拍摄手机进行拍摄。虽然拍摄手机使“全民参与”式传播成为可能，但媒介的最终发布权还是掌握在职业传播者手中，决定某个或某些影像能否在具有公信力、权威性的主流媒体上刊登以取得更大效益的话语权，始终掌握在少数职业传播者手中的权力。因此，拍摄手机虽然将成为商家的新卖点和报纸的新资源，但它不会彻底颠覆新闻传播流程。它只是一种新的工具，技术更新会使它获得更大空间。可以预见，大众将更加欢迎这种充满趣味的新工具，影像获取将更容易。面对一直在迅速扩张的图片需求市场，报纸等传统媒体也逐渐改变了新闻照片采集方式。

五、拍摄手机在新闻传播中的不足

人们在享受现代高科技产物带来的方便的同时，也要警惕高科技引发的种种负面效应。拍摄手机同样会带来一些问题。

（一）新闻图片的真实性与质量受到挑战

真实是新闻的生命，这是新闻理论界、业界以及社会对于新闻真实性的普遍认识。在百余年的传播实践中，传统媒体形成了一套为社会所广泛承认的行业规范和职业道德，新闻记者普遍都受过专业的新闻教育而具有较高的职业素养。但随着拍摄手机在受众中的普及，使用拍摄手机的人中绝大部分不是新闻从业者，没有新闻职业道德约束，其图片真实性无法像摄影记者那样获得来自其职业身份的可靠保证。

每一个拥有拍摄手机的用户都可能从自己的利益或兴趣出发，制作与传播自己感兴趣的图片，而在转发的过程中，任何中间接收点的传播者都可以对图片进行加工和改造，这使得手机图片的准确性难以避免地在传播过程中降低。图片编辑面对的手机图片可能是人为导演的，也可能是小题大做、断章取义、似是而非的。而虚假和有问题的图片给新闻带来的负面影响将和拍照手机的覆盖面、传播速度成正比。

图片编辑从普通受众那里获得的手机图片里，很有可能掺杂大量的“垃圾”。毕竟这些拍摄者没有受过专业训练，有时候，他们甚至会“糟蹋”一个极好的新闻事件。如何保证手机图片的质量，是对图片编辑的考验。

（二）对策

对于图片编辑而言，鉴别手机图片真假可能成为一项新的任务。这需要编辑对图片提供者做更多的了解，并为图片内容寻找更多旁证。新闻媒体负责人应该注意平衡专业摄影记者和业余拍摄者的“作品”，一方面鼓励记者采用手机这种新的更加便捷的拍摄工具，另一方面又必须避免陷入“街头快照”式的新闻报道中。

概　念

Android

Android 是一种以 Linux 为基础的开放源代码操作系统，主要用于便携设备。中文译名为“安卓”。2011 年一季度，Android 在全球的市场份额首次超过 Symbian 系统，跃居全球第一。

概　念

iPhone

iPhone OS（iOS）是由苹果公司基于 Mac OS X 操作系统为 iPhone 开发的操作系统。它主要是供 iPhone 和 iPod touch 使用。

概　念

鸿蒙系统

2019 年 8 月 9 日，华为发布了鸿蒙系统（HUAWEI Harmony OS），这是一款全新的面向全场景的分布式操作系统，创造一个超级虚拟终端互联的世界，将人、设备、场景有机地联系在一起，将消费者在全场景生活中接触的多种智能终端实现极速发现、极速连接、硬件互助、资源共享，用合适的设备提供场景体验。

概　念

Symbian 系统

Symbian 系统是塞班公司为手机设计的操作系统。2008 年 12 月，塞班公司被诺基亚收购。2011 年 12 月，诺基亚官方宣布放弃塞班品牌。由于对新兴技术支持欠佳，Symbian 系统的市场份额日益萎缩。2013 年，诺基亚放弃 Symbian 系统，目前 Symbian 系统已经停止更新，并逐渐退出历史舞台。

概　念

Windows Phone

Windows Phone 是微软公司于 2010 年 10 月发布的一款手机操作系统，Windows Phone 的推出宣告了 Windows Mobile 系列彻底退出手机操作系统市场。面对 Android 和 iOS 系统的竞争，到 2023 年，Windows Phone 已经销声匿迹。

概　念

媒体生态系统

媒体生态系统是以传媒产品生产和传播为核心的相关要素的组合，包括传媒通过版面和节目反映出来的外在形态、频道（率）、人力、受众、信息集纳渠道、广告支持等。

概　念

受众

受众是指信息传播的接收者，包括报刊和书籍的读者、广播的听众、电影电视的观众与网民。受众从宏观上来看是一个巨大的集合体，从微观上来看则体现为具有丰富的社会多样性的人。

概　念

用户

用户，一般指接受社会某种有偿服务的客户，如接受照明、宽带、视听、通信、供暖、供水、供气等服务的客户。

思考题

1. 手机拍照会给新闻真实性带来哪些影响？

2. 相比历史上的其他传播媒介，手机媒体的主要优势有哪些？

3. 你认为手机媒体能否实现理想的传播与交往？

4. 手机媒体的使用导致新闻生产的主体多元化，新闻生产及传播的速度大大提升，你认为这是否有利于新闻业生态环境的发展？

在线自测

扫一扫　练一练

第 3 章　手机媒体研究的理论模型

作为新媒体的新成员，手机媒体研究的理论模型与新媒体是一致的。目前国际学术界认可并被广泛采用的新媒体和手机媒体理论模型主要有以下几个。

第 1 节　西方新媒体研究的理论框架

一、创新扩散理论

创新扩散理论是美国学者埃弗雷特·M. 罗杰斯（Everett M. Rogers）于 20 世纪 60 年代提出的一个关于通过媒介劝服人们接受新观念、新事物、新产品的理论，侧重大众传播对社会和文化的影响。目前，创新扩散理论在西方学术界也被广泛应用到新媒体研究中。

罗杰斯认为，创新是一种被个人或其他采用单位视为新颖的观念、实践或事物；创新扩散是指一种基本社会过程，在这个过程中，主观感受到的关于某个新事物的信息被传播，通过一个社会构建过程，某个创新的意义逐渐显现。

1962 年，罗杰斯研究了多个有关创新扩散的案例，出版了《创新的扩散》（*Diffusion of Innovations*）。他考察了创新扩散的进程和各种影响因素，总结出创新事物在一个社会系统中扩散的基本规律，提出了著名的创新扩散 S 形曲线理论。

创新扩散的传播过程可以用一条“S”形曲线来描述。在扩散的早期，采用者很少，进展速度也很慢；当采用者人数扩大到居民的 10%～25%时，进展突然加快，曲线迅速上升并保持这一趋势，即所谓的“起飞期”；在接近饱和点时，进展又会减缓。整个过程类似于一条“S”形的曲线。

罗杰斯总结了有关创新扩散的研究，将创新扩散这一过程分为知晓、劝服、决策与证实四个阶段，并提出了创新扩散模式，具体可见图 3-1。

（一）个人创新性的等级

罗杰斯将“个人创新性”分为五个等级：先驱者（innovator）、早期使用者（early adopters）、早期大多数（early majority）、晚期大多数（late majority）及迟缓者（laggards），即五种不同类型的采用者（adopter）。

（1）先驱者是采用“创新”的先锋，但是过于快速接受“创新”常显示出其喜好冒险与鲁莽之缺憾。

（2）早期使用者常具有意见领袖之特质，其审慎的特性与领导能力对后续的采用者有着决定性的影响，因此对“创新”之推广影响深远。早期使用者所具有的工作热诚、人际关系及影响力，使其成为担任一组织内的“创新媒介者”之最佳候选人。

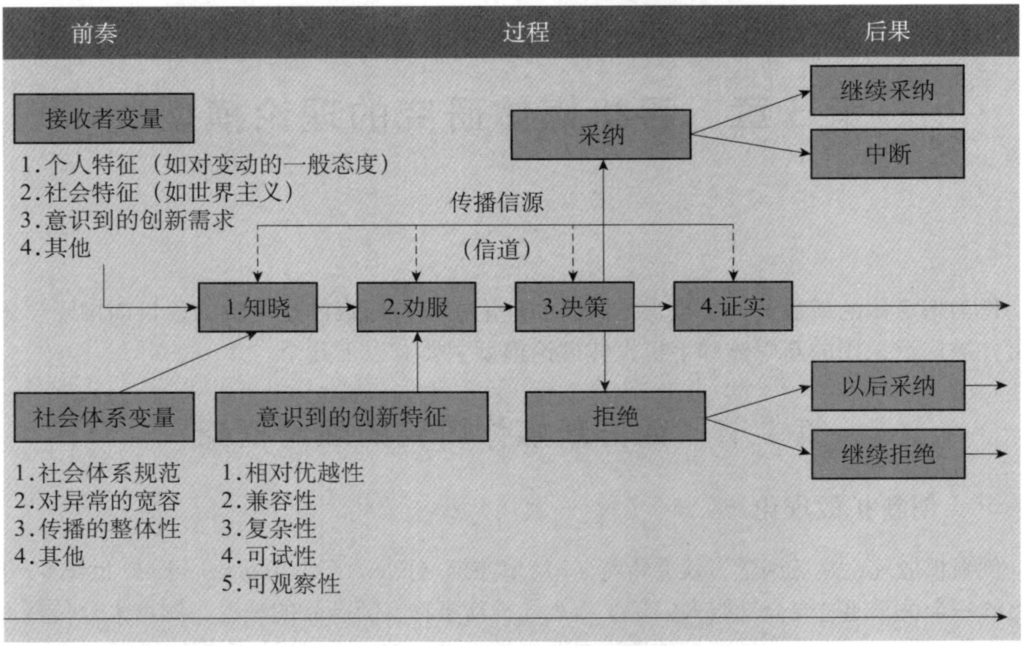

图 3-1 创新扩散模式

资料来源：埃弗雷特·M. 罗杰斯. 创新的扩散. 辛欣，译. 北京：中央编译出版社，2002：10.

（3）早期大多数在深思熟虑后接受“创新”。

（4）晚期大多数是多疑的一群人，在对“创新”的相关疑虑消除后逐渐接受并成为采用者。

（5）迟缓者是传统、保守的，不到万不得已之时不去采用“创新”的那一群人。

以上五种不同类型的采用者所形成的创新扩散传播过程，形成一条 S 形曲线，具体可见图 3-2。

（二）影响采用率的创新特征

（1）相对优越性：认为某项创新优越于它所取代的旧事物的程度。

（2）兼容性：认为某项创新与现有价值观、以往经验及预期采用者的需求共存的程度。

（3）复杂性：认为对某项创新进行理解和运用的难度。

（4）可试验性：某项创新在有限基础上可被试验的程度。

（5）可观察性：某项创新结果能为他人看见的程度。

二、技术采纳模型

技术采纳模型（technology acceptance model，TAM）是 1989 年戴维斯（Davis）在菲什拜因（Fishbein）和埃捷（Ajzen）的理性行为理论（theory of reasoned action，TRA）基础上提出的。这个模型用来研究用户对新媒体的接受。根据理性行为理论，消费者的行为是由消费者的行为意向决定的，而消费者的行为意向又受其行为态度的影响。

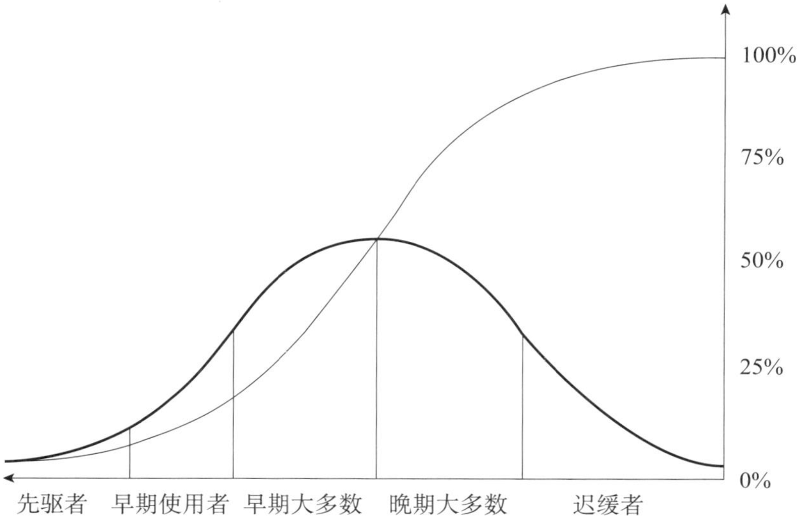

图 3－2　创新扩散模型 S 形曲线

资料来源：埃弗雷特·M. 罗杰斯．创新的扩散．辛欣，译．北京：中央编译出版社，2002：12.

TAM 被广泛地应用于新媒体研究，尤其是用户的行为意向研究。所谓行为意向（behavioral intention）是指个体企图执行特定行为的主观概率，它是个体从事某种行为的意愿强度。按照技术采纳模型，用户使用新媒体的行为意向受到其态度（attitude）和有用性感知（perceived usefulness）的共同影响。态度是指个体对特定行为喜欢或反感的程度，受到有用性感知和易用性感知（perceived ease of use）的影响；有用性感知是指个体相信使用一个特定系统能提高其工作绩效的程度，可以直接影响其参与意向；易用性感知是指个体相信使用特定系统能够省力的程度，它通过有用性感知来影响行为意向。技术采纳模型在国际传播学界亦被较多引用。技术采纳模型基本框架见图 3－3。

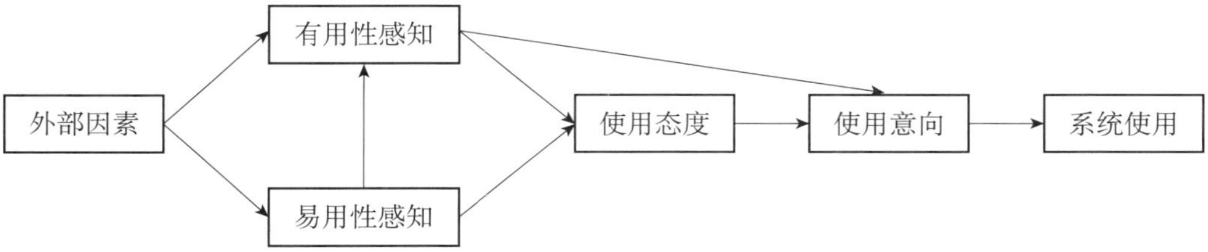

图 3－3　技术采纳模型基本框架

资料来源：FISHBEIN M，AJZEN I. Predicting and changing behavior：the reasoned action approach. New York：Psychology Press，2010：43.

三、计划行为理论

计划行为理论（theory of planned behavior，TPB）能够帮助我们理解人是如何改变自己的行为模式的。该理论认为人的行为是经过深思熟虑的计划的结果。

计划行为理论是由埃捷提出的，继承了埃捷和菲什拜因共同提出的理性行为理论。埃捷研究发现，人的行为并不是百分百地出于自愿，而是处在控制之下，因此，他将理性行为理论予以扩充，增加了一个对自我“行为控制认知”（perceived behavior control）的新概念，从而发展成为新的行为理论研究模式——计划行为理论。如图 3－4 所示。

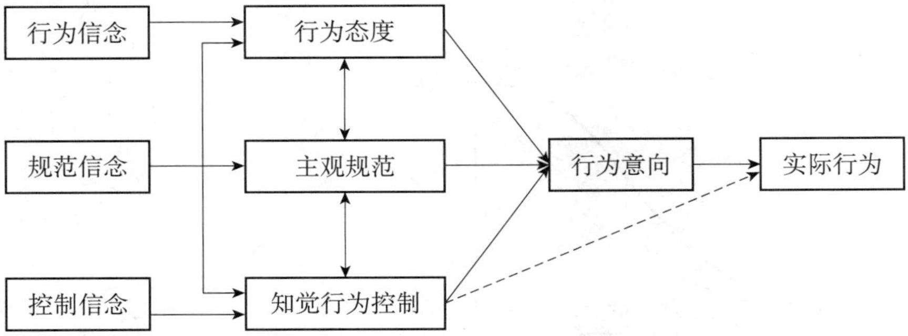

图 3－4　计划行为理论模型

资料来源：FISHBEIN M，AJZEN I. Belief，attitude，intention，and behavior：an introduction to theory and research. New Jersey：Addison-Wesley Publishing Company，1975：53.

（1）行为态度（attitude）是指个人对某项行为所抱持的正面或负面的感觉，即个人对此特定行为的评价经过概念化之后所形成的态度，所以，态度经常被视为个人对行为结果的显著信念的函数。

（2）主观规范（subjective norm）是指个人对于是否采取某项特定行为所感受到的社会压力，即在预测他人的行为时，那些对个人的行为决策具有影响力的个人或团体（salient individuals or groups）对于个人是否采取某项特定行为所发挥的影响作用的大小。

（3）知觉行为控制（perceived behavioral control）反映个人过去的经验和预期的阻碍，当个人认为自己所掌握的资源与机会越多、所预期的阻碍越少时，其对行为的知觉行为控制就越强。其影响行为的方式有两种，一是对行为意向产生动机上的影响；二是直接预测行为。

（4）行为意向（behavior intention）是指个人对于采取某项特定行为的主观概率的判定，它反映了个人对于某一项特定行为的采纳意愿。

（5）实际行为（behavior）是指个人采取实际行动的行为。

埃捷认为所有可能影响行为的因素都是经由行为意向来间接发挥影响的，而行为意向受到三项相关因素的影响：其一是源自个人本身的态度，即对于采取某项特定行为所抱持的态度；其二是源自外在的主观规范，即会影响个人采取某项特定行为的主观规范；其三是源自知觉行为控制。

第 2 节　新媒体研究的 STIP 模型

与前述西方学者的理论框架不同，中国学者提出了新媒体研究的 STIP 模型。

创新扩散理论模型、技术采纳模型、计划行为理论模型都有着严格的适用范围，创新扩散理论旨在研究新事物的扩散过程，技术采纳模型用于人们对新技术的接受过程，计划行为理论对态度与行为的一致性进行了探讨。这三个经典模型在新媒体领域有一定的适用性，但不能完全满足人们对新媒体产品及技术使用的研究需求。基于对以上模型的梳理、归纳和总结，中国学者建立了一种新的、适用于新媒体研究的理论模型—— STIP 模型。

STIP 模型认为，用户是否接受并使用一个新媒体产品，主要受到四方面因素的影响：社会制度（social system）、技术特征（technical characteristics）、周围人影响（influence of people around）及个人特征（personal characteristics）。我们简化了计划行为理论模型和技术采纳模型中从“行为态度”到“行为意向”，再到“实际使用”的复杂过程，直接采用“实际使用”作为结果变量。具体如图 3－5 所示。

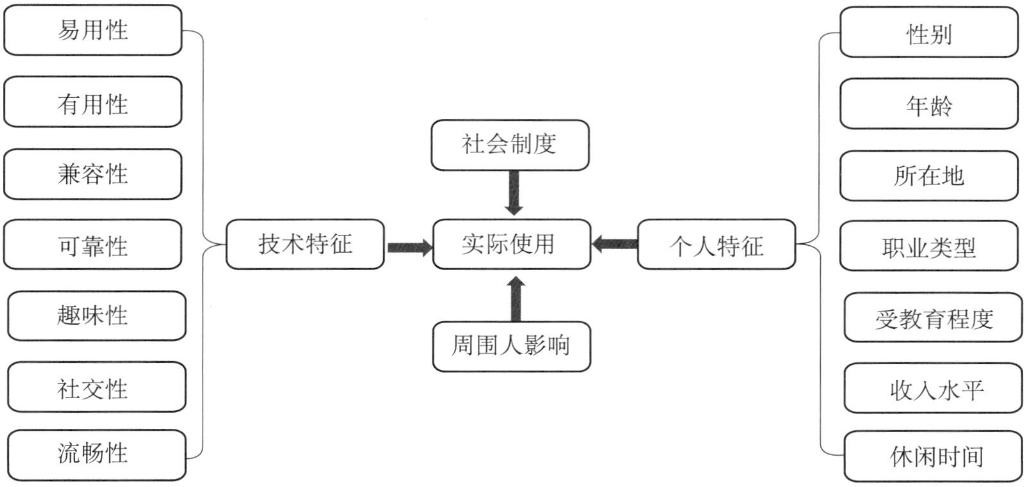

图 3－5　新媒体研究的 STIP 模型图

资料来源：匡文波，吕聪聪，张晗煜．新媒体研究的 STIP 模型．中国人民大学学报，2020，34（4）：125－134.

一、新媒体研究的 STIP 模型的四要素

（一）社会制度

在不同的社会制度下，对新媒体产品及新媒体内容的管制程度不同，会影响用户对新媒体的使用。关于不同社会制度下对传媒（报刊）的划分，一般可以分为报刊的威权主义理论、报刊的自由主义理论、报刊的社会责任理论以及报刊的苏联共产主义理论①。虽然对不同社会制度下传媒的划分没有那么绝对，且随着时间的变化也在变化当中，但能达成共识的是不同的社会制度对传媒的管制程度不同，这也会直接影响用户对某个新媒体产品的接受程度。

① 弗雷德里克·S. 西伯特，西奥多·彼得森，威尔伯·施拉姆．传媒的四种理论．戴鑫，译．北京：中国人民大学出版社，2008.

（二）技术特征

技术特征是指某种新媒体产品所具备的一些技术层面的特征，也就是能使用户感受到的产品特点，如易用性、有用性、兼容性、可靠性、趣味性、社交性、流畅性。易用性是指这个新媒体产品操作简单、上手容易，大多数人使用起来没有困难和障碍。有用性是指新媒体产品所提供的内容是有用且有价值的，比如说能提供一些职场技能、生活妙招、兴趣爱好等方面的有用的信息。兼容性是指使用这个新媒体产品与用户的学习、工作、休闲方式相符合，比如适合现在快节奏、碎片化的信息获取方式。可靠性是指这个新媒体产品是安全可靠的，不会随意泄露用户隐私，不会将数据拿来二次利用和售卖等。趣味性是指这个新媒体产品能满足用户的娱乐需求，能看到好玩、有趣的内容，达到愉悦身心的目的。社交性是指这个新媒体产品用户不仅能自己使用，用户还能评论或分享里面有意思或有价值的内容，起到社交的作用。流畅性是指这个新媒体产品的使用是流畅的，不会突然被广告打扰或者接收一些很不感兴趣或者质量很低的内容，破坏用户使用的流畅感。

（三）周围人影响

个体在社会中生活，就会受到周围人的影响，我们将其对个人产生的影响细化为同辈影响和上级影响。同辈影响是指周围同伴对个体的影响，个体或由于耳濡目染的环境熏陶而接受新技术，或因害怕被同伴排挤而做出放弃自我也要顺从群体的选择。上级影响则指社会生活中权威、地位、知识、能力等高出个体的个人或团体，对个体做出的规范。这些规范有时是命令性规范，是上级对下级提出的“认为个体该怎么做”；有时是示范性规范，个体出于学习和模仿的动机产生对特定行为主观规范的感知。

（四）个人特征

用户的个人特征也影响其对新媒体产品的接受和使用。一般来说，性别、年龄、所在地、职业类型、受教育程度、收入水平这几个变量在很多研究中都是通用的变量，会影响个体的实际行为。在此，特别加入休闲时间这个变量，因为新媒体的使用要占据用户的时间，而时间和注意力都是当今快节奏工作和生活中的稀缺资源，所以能有多少可支配的休闲时间也直接影响用户是否使用新媒体，以及使用新媒体的程度如何。

二、新媒体研究STIP模型与前三个模型的联系

STIP模型中的社会制度主要来源于创新扩散理论模型中的“社会体系变量”，包括社会体系规范、对异常的宽容、传播的整体性等。在不同的社会制度下，对新媒体产品及新媒体内容的管制程度不同，会影响用户对新媒体的使用。

STIP模型中的技术特征主要来源于创新扩散理论模型中的“意识到的创新特征”及技术采纳模型中的“有用性感知”和“易用性感知”。创新扩散理论模型中的“意识到的创新特征”包括相对优越性、兼容性、复杂性、可试验性及可观察性，其中的“复杂性”与技术采纳模型中的“易用性感知”及计划行为理论模型中的“知觉行为控制”，即个体感知到的采取某项特定行为的难易程度，这三者代表同一个意思，因此我们将“易用性”作为STIP模型技术特征中的第一点，同时也对其他几个特征进行取舍，仅保留了有用性和兼容性，并添加了新媒体时代对产品特征的新要求，如社交性、可靠性、趣味性、流畅

性等。

STIP 模型中的周围人影响主要源于计划行为理论模型中的“主观规范”，也就是指个体在决定是否采取某项特定行为时所感受到的社会压力，反映了重要他者（significant others）对个体行为决策的影响。

STIP 模型中的个人特征主要源于创新扩散理论模型中的“接收者变量”和技术采纳模型中的“外部因素”。根据新媒体时代用户的需求、心理及生活习惯，采用性别、年龄、所在地、职业类型、受教育程度、收入水平、休闲时间作为个人特征的二级变量。

三、新媒体研究 STIP 模型的实际应用：以抖音为例

为了验证 STIP 模型在新媒体研究中的适用情况，以下选取现在比较流行的短视频 App 抖音作为研究对象，分析影响用户接受使用行为的影响因素。

（一）研究假设

研究过程中我们做出如下假设：（1）社会制度有时对个体的实际使用行为发生至关重要的影响；（2）技术特征是影响用户实际使用的一个主要因素，包括易用性、有用性、兼容性、可靠性、趣味性、社交性和流畅性；（3）周围人对个体产生的影响也会决定个体的实际使用行为；（4）个人特征，包括性格、受教育程度和休闲时间等，都决定了个体作为用户对新媒体的接受或留存。

（二）研究方法

STIP 模型旨在研究个体对新媒体产品在实际使用中的影响因素，需要以个体为主要研究对象，因此深度访谈的方法更为合适。通过访谈可以知悉每一个访谈对象的个人情况、所处社会环境及复杂的内心想法，也能知悉研究者之前所不能预想到的影响因素。我们选取了 35 个受教育程度、职业、年龄和生活城市都不同的用户进行半开放式深度访谈，对一些问题进行适当的拓展和追问，以获取不同人群对抖音 App 的态度和使用习惯。

（三）研究结果

通过分析深度访谈收集到的资料，我们的研究假设基本得到了证实。

首先，关于社会制度对用户使用行为的影响，来自英国、缅甸等国家的受访者认为抖音在这些国家不受限制，与在国内使用无差别，这是保障抖音在海外传播的先决条件。

其次，关于技术特征对吸引并留存用户所起的作用，很多深度访谈的用户表示他们乐意接受抖音的原因包括：操作简单，界面简洁，所以经常在通勤或者睡前使用；很多用户通过抖音获得工作技能的提升或实用的生活技巧；抖音 App 的出现，是与用户的生活状态兼容的；抖音内容有趣，可以满足休闲娱乐所需；抖音可以满足用户社交需求，互相分享有趣的短视频也是当下一种比较流行的社交方式；界面播放的流畅性直接影响使用感受；隐私保护和安全性也很重要。

再次，关于周围人是否使用抖音对新用户所产生的影响，相当大比例的用户下载抖音的契机都是因为周围人在用，所以自己出于好奇或出于跟风，尝试着下载抖音。这部分人或者是从虚拟网络社会（例如微信朋友圈）了解到抖音，或者是在现实生活中看到周围人使用抖音。所以，就新事物的接受和使用而言，周围人的传播和推荐至关重要。

最后，从个人特征对用户实际行为所起的作用可以看出：个性对个体的实际使用有着重要影响。对于乐意接受新鲜事物的人而言，他们更乐于探索互联网上的新产品，并作为“先锋”引领潮流；性别所带来的实际使用行为差别并不明显，但基于对模型拓展性的考虑，依然需要考虑到这一因素所带来的影响；年龄所带来的影响，最重要的就是其所处的信息社会中的技术层级，是否依然有兴趣、有能力接纳新事物；受教育程度影响用户对于信息内容质量的评判标准，对于高学历用户而言，其对于内容质量要求也会更高；互联网对时间和空间的解构使得世界成为信息交流、意义分享的广场，从这个意义上说，用户所在地对其影响不是太大；休闲时间充裕的用户更容易接受并使用抖音，而生活忙碌、休闲时间紧张的用户则无暇消遣。

思考题

1. 请结合案例分析创新扩散理论。
2. 请结合案例分析新媒体研究 STIP 模型。
3. 请分析手机用户的特征。
4. 目前，手机媒体在我国已经具有极高的普及率，但不同社会人群的手机使用心理及行为仍然存在差异。你认为年轻用户和老年用户的手机使用心理及行为有哪些差异？

在线自测

扫一扫　练一练

第 4 章　手机中的人际传播

人际传播是手机传播中最常见的传播形态之一。借助手机，人和人的互动有以下几种形式：通过手机收发电子邮件、短信 SMS、多媒体彩信 MMS，使用微信等即时通信应用程序。

短信曾经在中国盛行的初始原因在于电信收费制度的影响。目前，手机用户已经更倾向于使用 WhatsApp、Facebook Messenger、iMessage、微信和 Line 等即时通信应用程序。根据 Omdia 估算，这些即时通信应用程序在 2022 年的消息发送总量达到 125.2 万亿条，相比之下，移动用户的短信发送总量（包括 P2P 和 A2P/B）则为 7.2 万亿条。虽然手机短信的市场份额在很大程度上被即时通信应用所替代，但在陌生人、弱关系的沟通以及一些商业服务场景下，短信仍具有其独特的价值。

第 1 节　手机短信传播

人际传播（interpersonal communication）是个人与个人之间的信息传播活动，也是由两个个体系统相互连接组成的信息传播系统。它大致分为两种方式：一种是面对面的传播，另一种是借助某种有形的物质媒介的传播。人际传播具有几个重要特点：第一，传递和接收信息的渠道多，方法灵活；第二，信息的意义更丰富和复杂；第三，双向性强，反馈及时，互动性频度高；第四，是一种非制度化的传播。

在微信、WhatsApp、Facebook Messenger、iMessage 和 Line 等即时通信应用程序诞生和普及之前，手机人际传播的主要方式是短信。

手机短信传播自身具有信息的流动与控制无中介和双向性，发送者和接收者在交换信息时通常是平等参与，时间安排并无计划，通常由参与者共同决定；其形式虽不依赖于口头语言，但短信的文本和图本也可视为人际传播口头形式的延伸，其传播形式基本是无组织的。从传播的接收与限制看，手机短信的传播形式是互动，反馈可以是同步而及时的，也可以是异步的。虽然在一定程度上受到时间和空间的限制（比如对方手机关机或不在服务区），但机动性较强。由于手机传受双方依附于原有的人际关系，因此它往往还具有可信度高的特点。这是人际传播的重要特质。人际交往比大众传媒具有一定的心理优势，这种心理优势使得人际传播在传播中特别有效。

除了群发功能，手机短信主要是在熟悉的人中传播，因此在传播效果上具有大众传播所不具有的传播正效果，一般不会让受传对象怀疑。手机短信最原始的目的与基本任务，就是作为一种人与人之间信息沟通手段的延伸与补充。它具有手机用户之间点对点或点对多（网络上的短信群发）直接发送与接受的功能。它具有人际传播的特质。因此，手机的传播模式实际上是人与人借助手机短信这种中介延伸了人体功能，同时，它类同书信的文字记载方式又进一步提高了它的可信性。

手机短信中的人际传播主要是诉诸文字文本进行人际互动的。使用文字符号便于清晰地表达，但其缺陷是不能运用一些辅助性的表达手段，一些背景信息不可避免地被削减。例如，一般用文本格式就不可能看到对方的笔迹，也就很难通过这种潜台词来揣测发件人的个性性格、情绪心理等。沟通双方不但彼此看不到对方的身体动作，连电话里的重要信息载体——声音，包括负载于声音上的如语调、语气、停顿等一些副语言信息都接收不到，所以对方对信息的直观反应很难被感受到。从某种意义上说，传播的质量会受到一些影响。但是利用文字传播也有自己的优势，从人际传播的角度看，当双方不进行直接交流时，可以克服羞涩心理，更加敞开心扉。调查显示，人们在通过短信息交流时比面对面或电话交谈时更大胆。手机的使用者借助于这种短信息表达模式，可以同时达到既沟通又隔离，既表达又掩盖的双重效果，实现传播者有限表达和可控沟通的传播意图与目的。当然，随着手机制造技术的发展，手机短信中文本、声音与图片的交互使用已成为可能，但从对目前手机短信的使用调查来看，文本短信还是占据绝大部分，而且，文字符号在手机短信中所体现出来的优势也决定了它在将来必将占据主体地位。

一、手机短信传播的类型

人际传播“使用与满足”研究把受众看作有着特定“需求”的个人，把他们的媒介接触活动看作基于特定的需求动机来“使用”媒介，从而使这些需求得到“满足”的过程。虽然，“使用与满足”理论是对大众传播行为的研究，但同样适用于人际传播。需要是人们交际的前提，它是人的心理活动的重要动力。由于客观事物与人的需要之间的关系不同，人对客观事物便存在着不同的情感倾向，且随之产生不同的心理变化和外部表现。对于能满足或者符合人的需要的事物，人们就会产生肯定的情感，或褒奖，或喜爱，或积极的支持。

根据人们的需求，可以将手机短信中的人际传播行为分为满足性人际传播和手段性人际传播。

（一）手机短信中的满足性人际传播

满足性人际传播的侧重点或着眼点不在于交流之外的什么功利性或实用性目的，而在于交流行为本身，以及经由这种交流而达到的一种自我满足。典型的满足性人际传播的基本特质在于它主要着重于交流过程本身，以及交流对于人的一般社会性需要，尤其是人际感情需要的满足功能。手机短信中这种满足性人际传播行为主要体现在问候、情感交流、闲聊、娱乐等方面。

从各方面的调查结果可以看出，基于手机短信的这种特殊形式的问候、情感表达及笑话幽默满足了现代社会人们的各种需求。特别是在情感表达方面，手机文本短信与中国文化传统契合，信短情长，内敛、含蓄的民族性格决定了国人更愿意用文字的书面形式表达感情。中国几千年的深厚文化积淀以及汉语独有的魅力为文本短信的发展提供了有利条件。

（二）手机短信中的手段性人际传播

手段性人际交流的根本着眼点在于把交流本身视为手段和工具，以寻求某种功利性的结果或目的。

事实上，在手机短信中，两种性质的人际传播活动混为一体的情形，或是一种交流在实施过程中向另一种交流转换的情形，都是很常见的。这种对人际传播的分类，只是提供一种参照尺度。

二、手机短信传播的动机

人际传播的重要动机之一是自我认识和相互认识，相对重要的方面是希望对方能够充分地了解、理解和评价自己。然而，对方能不能做到这一点，在很大程度上取决于自己的自我表达是否充分。人际传播对双方来说都是一种自我表达活动。自我表达是否准确，表达方式是否合适，直接影响人际传播的效果。传统的人际传播手段很多，可以通过语言符号和非语言符号进行自我表达，而手机短信人际传播主要通过文字语言进行表达，客观上减少了自我表达的渠道，而增加了自我表达的难度。因此，利用手机短信进行自我表达，就要充分发挥文字语言及一些标点符号表达的优势，进行有效的自我表达，以达到预期的人际传播效果。

情感是人对客观事物的一种体验和态度，是人与客观事物及其需要之间的关系。情感因素即是说人在交际活动中，认识到某个客体的价值，体验到客体是否能满足自己的需要，并由此而产生相应的心理活动。可以说，人的情感是人作用于客体的认识、体验和心理满足的关系。情感因素对人际传播的影响是客观存在的。积极的情感可以激起人们的交际热情，主动自觉地同客体打交道，并正确地认识它，以正常的方式与客体沟通；消极的情感可以抑制人们的交际热情，使人消极、冷淡，懒于同客体打交道，也不能客观地反映客体的实际情况和要求，往往形成许多障碍，以致中断交际。情感因素对手机短信人际传播的影响是明显的，手机短信中的满足性人际传播中的笑话幽默就是因为建构了一种积极的情感平台，从而成为人们喜爱的交流方式，正因为如此，人们总是倾向于向自己喜欢和熟悉的人发手机短信。

手机短信使用中存在着文化差异。与中国的情况截然相反，在日本、美国等发达国家，人们较少使用短信服务。其原因不仅在于移动通信收费标准上的差异，也有文化上的差异。

相对于美国人的人均收入，其目前的移动通信运营商给消费者的资费可谓十分低廉。在中国，手机资费相对比较昂贵，可是，短信的资费却相对便宜。这种导向无疑有很大的引导作用。中美手机用户在消费心理和文化心理上也存在较大差异。美国人性格直率，乐于面对面交谈，如果需要通过通信联系别人，宁可选择语音对话或者视频对话，不像中国人喜欢委婉表达。

三、手机短信在人际交往中的使用

电话被人们认为是构建人际关系的手段，例如人们常常通过电话进行一件事情的通知，进行一种安排或者取消一个约会，这些行为都是对现有人际关系的维系和加强。手机短信在人际交往中也扮演着类似的角色，但更为独特的是，手机短信还承担了不少电话所无法或者不便承担的作用，譬如手机短信可以不受语言通话对场所的要求，短信的文本形式更好地利用了文字信息传播的确定性，发送短信可以避免通话所带来的尴尬，这种种特性与手机通话相比都更加便于自我表露行为的发生，具体表现如下。

（一）避免电话交谈

用语言交谈虽然更加直接和明了，但是有时候在一些特殊的传播环境和情境下，或者受到传播内容的限制，这样的交谈无法进行，即使进行，也很难达到良好的传播效果。但是手机短信允许回复的延时性和异步性，给接收短信的人更多的时间去思考如何作答，避免了因为直接打电话时不好意思讲出某件事情或者不知如何回答的尴尬，从而提高了传播者对传播过程度控制和把握的能力，更有利于调节人际关系。

（二）避免造成对他人的打扰

有人喜欢发送这样的短信："你在哪？我现在正在……"这种类型的短信问候被称为"电子社交"（telephone socializing)。类似这样的短信作为一次电话交谈的内容，如果不是在非常亲密的关系中发生，将会被信息的接收者认为非常唐突，甚至对因为接听这样的电话而打扰原本正在进行的工作而感到不满。但是，以短信发送的方式既可以让对方接收到同样的信息，也避免了对他（她）的打扰。根据访谈发现，超过80%的受访者表示他（她）们发送或者接收短信的比较集中的时间是在晚上8点到12点，然而在这个时间段内打电话是很忌讳的，因为这个时段内人们一般都在休息，打电话会打扰他们的正常生活，但是手机短信却成为这个时段人与人沟通的最佳选择。

（三）当电话通话困难时的通信选择

由于移动通信技术往往受到技术本身和地理环境的影响，有时候当移动通信终端处于服务区的"盲区"时，手机便无法接听，这是我们目前使用手机常常会遇到的问题。虽然随着移动通信基础支持设施不断完善，这种情况会越来越少，但是在目前的条件下还无法完全避免，所以，当出现这种情况时，如果有事情需要同处在服务盲区的用户沟通时，通话就无法完成。这个时候就可以发送短信，当该手机用户一旦到达可以接收到信号的区域，手机就会马上接收到刚才已经存在移动通信服务器上的信息，以使用户在第一时间接收到有关信息。短信传输不是从用户到用户直接完成的，而是由发送方将信息发送至服务器上，再经由服务器发送给接收者，只要发送者与服务器之间的联系畅通，信息就可以发送出去，同时，只要服务器与接收者之间的联系畅通，接收者就会在第一时间接收到信息。

（四）抒发和表达情感

短信具有书写性、异步性、及时性的特征，所以尤其适合情感的表露，在人们不想或者不能够通过语言进行面对面的交谈时，短信就满足了人们表达感情冲动的需要。对于那些发送短信的人而言，不论他们是什么年龄，短信中都带有他们对自己目前的状态、感情和友谊的描述。

虽然短信增加了人们每天情感的交流，但是对于人们来讲，第一次对别人谈自己对他人的感受总是带有一定风险，人们正处在一个逐渐发现和认识各种关系的过程中，而书写这种形式在效果上是带有一定约束性的（uninhibiting effect)，这种约束性恰恰适应了人们对把握感情表露的谨慎态度。例如，像"我爱你"这样的话很难当面说给自己的亲人，所以，通过手机短信的形式更加容易表达自己的感情。

书写这种形式很好地适应了正向的、强烈的情感表达，那么也会调节和消除过剩的、较为激烈的感情。短信回避了面对面的语言交谈，加深了对较为强烈的情感表达的控制。

（五）存储信息

有的受访者表示他（她）很喜欢保存一些自己喜欢的短信，并不时地查看，就像翻看别人写来的信件一样。这种对于喜欢的短信的存留和再次阅读，是对自己喜欢的信息和感情不断的强化。虽然记忆同样可以让人回忆，但是文字的记录带给人的感受是不同的，就像人们喜欢保存信件和阅读这些信件一样。头脑中的回忆信息与二维的手机短信文字相比，带给人的视觉效果和传播效果是绝对不同的，这也说明为什么人们喜欢购买短信储存量比较大的手机。

第 2 节　手机短信的利弊分析

短信传播，从技术的角度看，是一种非实时的、非语音的数据通信业务。它可以由移动通信终端（手机）发起，也可以由移动网络运营商的短信服务器发起，还可以由与移动运营商短信平台互联的网络业务提供商 SP（包括 ICP、ISP 等）发起。

一、手机短信的优势

手机媒体具有不少优势，例如高度的便携性、个性化、私隐性、贴身性、互动性，受众资源极其丰富，传播速度快。手机短信作为手机媒体的原始形式，也具备这些优势。

（一）传播成本十分低廉

手机短信具有按量计费、价格低廉的优势。除去无线电频率、通信网络和终端外，无须再耗费任何其他资源，单位信息量的传播成本比传统媒体低很多。在中国，由于特殊的电信管理体制与收费标准，发送、接收短信比用手机通话便宜。这也是短信在中国飞速发展的重要原因。

（二）传播及时，可以保存编辑

短信传播迅速及时，信息可以在瞬间传播到大量受众终端。短信传播比起语音业务，虽然实时性略差，但是具有可以保存、查阅、编辑的特点。

正是短信具有可以编辑的特点，一些媒体借助它进行初级的手机报、手机短信新闻业务活动。

（三）具有较强的参与性与互动性，传播行为可以同步，也可以异步进行

信息接收者可以采用不同方式回复信息源，及时方便地参与信息的反馈和再创造，致使短信业务的娱乐功能日益突出。

手机短信还能有效地实现与其他媒体的互动。例如“超级女声”的短信投票，可以说是手机短信与其他媒体有效互动的典型案例。

总之，手机短信传播具有普及率高、方便快捷、移动性好、灵活性高、互动性强、价

格便宜等特点。

二、手机短信传播的局限性

尽管手机短信具有不少优点，但是，短信传播也存在一些致命的不足，阻碍其成为大众传播的媒介，手机短信只是第五媒体的雏形。手机媒体的一些负面效应，如不良信息、垃圾短信的传播，也存在于手机短信之中。

（一）信息承载量十分有限

一条短信只能传播70个汉字，信息表现形式单一，无法传播大量的信息，尤其是多媒体信息。即使是彩信也不能很好地满足多媒体信息传播的要求，所以手机短信作为传播的载体会导致信息传播内容的有限与贫乏，致使手机用户无法通过手机短信了解新闻的全部内容。显然，短信在信息的全面性、翔实性、深刻性方面无法与传统媒体相提并论。此外，基于短信的手机媒体广告，其广告的表现形式也受到了极大的制约。

（二）短信传播缺乏权威性，并非理想的新闻传播载体

短信传播有其先天的“弱点”，它的致命缺陷在于其“真实性”和“权威性”不够。人们每天所接收的短信有多少是完全真实的？这一点是绝大多数手机用户都无法给予核实和保障的。到目前为止，人际关系和相互信任才是我们唯一的依据。

（三）传播门槛低，短信传播容易出现垃圾化

任何使用手机和互联网的用户都可能成为一条短信的制作者和传播者，发送、接收短信的技术门槛很低，加上“把关人”缺失，短信传播容易出现庸俗化、垃圾化。

第3节　手机短信的传播特征

手机短信具有的一些传播特征很难归为优点或缺点，它们是具有双刃性的特征。下面我们对此逐一加以分析。

一、手机短信传播与社会大环境之间的互动作用

首先，任何人类传播都是在一定的社会环境中进行的，手机短信传播也不例外。特定的社会语境、不断变化的人类交流习惯、社会心态等都在方方面面影响着手机短信的传播。比如，同样是手机短信，在英国、韩国、中国和美国却有着非常不同的发展前景。这其中的一个重要原因就是社会环境的不同。手机短信在我国得以流行有着很重要的社会心理背景和文化背景。中国人自古崇尚含蓄、内敛的气质，而手机短信的简短的提示和不必要马上直接回复的特性，使短信永远比铃声大作的语音通话更有分寸，也更为礼貌。有时候打电话显得过于直白和直接，而且有可能打扰正在忙碌的对方，而短信则给了对方很大的回旋余地与思考空间。在收到短信以后，可以立即回复，也可以等有时间再回复，甚至可以不回复。所以说发短信比打电话显得更谦虚，更尊重对方的意愿。而且，中国人最爱“面子”，很多话在公开场合或者见面、打电话时都不好意思直接说出来，正所谓“爱你在心口难开”，读我国的小说、看我国的电视剧可以发现，有多少故事的主人公是因为过于

含蓄而产生种种误会！手机短信改变了一定要“开口”的交流方式，比直接对话显然更加委婉，所以受到国人青睐也是顺理成章的。

在社会环境影响手机短信传播的同时，手机短信的传播也在多个方面逐渐影响着整个社会环境的变化。毋庸置疑，手机短信增强了人类的传播能力，促进了人类传播方式的新变化。手机短信已经深入参与各类社会生活，人们通过手机短信与他人交流，通过手机短信参与各类团体活动，并且通过手机短信获取新闻，获取自身所需要的方方面面的信息。手机短信的流行在客观上引起了文本的复兴，形成了独特的手机短信文化。在手机用户之间迅速流传的各类“段子”层出不穷，有的针砭时弊，有的荒诞不经，有的不过博人一笑，也有的发人深省。有学者指出，手机短信的“段子”实际上取代了传统相声的功能，也以“抖包袱”为乐趣。除了搞笑的段子，节日的问候短信也是一大亮点，逢年过节，亲朋好友发个短信相互问候。而手机短信业务的蓬勃发展不仅大大提高了各大门户网站的收益，也创造了令人惊叹的“拇指经济”神话。总而言之，手机短信传播在受到社会环境影响的同时，也在深入地参与并改变整个社会环境的构建。

二、传统媒介环境与手机短信传播之间的融合

作为一种复杂的传播活动，手机短信传播与传统媒介环境关系尤为密切。手机短信诞生于媒介高度发达、资讯异常丰富的信息爆炸时代，一方面，作为一种新兴的传播媒介，手机短信的产生和发展受到传统媒介环境的影响；另一方面，手机短信传播也给传统媒介传播环境带来新鲜血液和活力。手机短信从诞生之初就与各种传统媒介有了密切的联系。现在短信运营商开展的手机短信服务，如天气资讯、娱乐新闻、体育赛事等内容，大多数是由传统媒体资讯整合而来。手机短信的发展与各大传统媒体密切相关，报纸、广播、电视、网络等各大媒体纷纷开发手机短信平台，为手机短信传播创造了极为便利的渠道。

在传统媒介环境影响手机短信传播的同时，手机短信传播也在深刻影响着整个媒介环境。几乎所有的广播电视节目和报纸都有了短信平台，除为用户提供新闻、娱乐信息等功能以外，也为媒体创造了更为丰富的受众反馈、参与和交流的平台，甚至有很多节目本身就以手机短信为生存方式。手机短信更因为其所能创造的经济价值而日益被传统媒体所倚重。但是，手机短信与传统媒介之间的连接并不一定和谐，手机短信传播与传统媒介环境之间的相互作用也未必是良性的。

三、传播权利自由且分散化

目前手机短信的传播主体还是手机用户，只要有一个手机号码和一部手机，所有人都能成为手机短信传播的主体。而不同层次、不同背景的人只要携带合法有效的身份证明，就可获得手机相关业务服务，现在有很多类别的手机号码，尤其是预付话费的号码申请，甚至根本不需要身份证明。这种“易得性”使手机短信的传播权利很大程度上实现了自由化和分散化。

四、传播过程的交互性和发散性

手机短信传播过程的交互性主要体现在手机短信的使用者既是信息接收者，又是信息

发送者。手机短信的传播是双向的、可逆的、互动的。在手机短信的传播过程中，发送者与接收者可以集于一身，接收者可以转变成发送者，发送者也可以转换成接收者，收发双方的地位趋于平等化，“发送”和“反馈”的界限模糊了。

而在手机短信传播过程中，发送者与接收者之间的角色互换不只是两者之间的一种闭合式的交换。除交互性和可逆性，手机短信的传播还体现出发散性的特点。比如同一条短信由单个发送者发出，可以到达多个接收者，也就是说一个发送者发送的同一条信息可以面向多个接收者，呈现出发散的传播特性。而某一个接收者在收到短信之后，一方面可能由于回复短信而向发送者的角色转变，这样就形成了上面提到的交互的传播模式；另一方面，这个接收者还可以通过把接收到的信息转发给第三方而完成向发送者角色的转换，这样，信息就会进一步向外扩散传播，也就是传播过程更为发散。如果我们选取传播过程中的一个传播主体来进行分析，就可以清楚地看到，一方面，这个传播主体可以作为接收者收到来自多方的信息；另一方面，他作为发送者也可以向多方发送信息，而在整个手机短信传播过程中，传播主体的数量可以是无限的，传播过程也是多方向发散的。

五、传播通道便捷

手机短信的载体是手机。手机短信的传播可以分为两种简单的情况，一种是手机对手机，另一种是服务器对手机，这中间都要通过运营商中转的平台进行数据转换。在大多数情况下，手机具有发射器和接收器的双重功能。手机短信的传播通道是便捷的，只要拥有手机和手机号码，在有手机信号的地方（现在没有手机信号的地方越来越少）就能接收和发送手机短信。相对于其他传播方式，手机短信的传播所受到的约束最小，它对时间、地点、空间的要求最低，只要传播中的双方都有手机、都有信号，就可以完成有效的传播。即使没有信号或者手机处于关机状态，发过来的手机短信也能够保留一段时间，一旦在有信号的地方开机，信息就能毫发无损地到达。而对于传播主体来说，手机是一种相当容易拥有的媒介，现在手机价格不仅越来越平民化，手机短信的价格更是能为大多数人所接受。使用手机短信的人越多，我们使用手机短信进行传播就越方便。比如，想时常给家中完全不懂网络，没有电脑还嫌长途电话费贵的父母报个平安、通个讯息，那么再没有比手机短信更方便的了。

六、手机短信传播具有传播准确、高效的特点

由于手机这种特殊的载体和传播方式，手机短信先天具备了传播准确、高效的特点。首先，只要发送者确定要发送信息，在正常情况下，信息一定会被成功接收，这个过程是确定的，注定了传播这个动作的准确性；其次，相对于其他传统的信息传播方式，手机短信的传播受众十分明确，比如定制了各类短信信息的用户、买了汽车的客户、在商场办了会员卡的客户等，都是对某类信息具有明确诉求的受众，手机短信使传播目标受众的准确性得到了保证；最后，手机短信的接收环境相对单纯，每接收一条信息只能逐行阅读文字，而且手机用户在接收到一条短信时，在不知道短信内容的情况下，总有一种打开短信立即阅读的欲望，对信息的注意力比较集中，信息的有效到达率较高。

七、手机短信传播的内容：短小的文本

手机短信传播内容自然为短信。因本书研究范围的限定，这里的短信专指短小的文本。望文生义，手机短信传播内容的特征正是“文本”和“短小”。

首先，手机短信在客观上是一种文本的复兴。因为无法记录自己说的话，人类创造了文字。保罗·莱文森曾经设想，如果有一位时光旅行者带着录音机回到文字产生以前的世界，那么也许文字就不会产生。电话和口头交谈的吸引力是难以抗拒的，那么既然能够通话，为什么还要发短信呢？第一个原因就是上文提到过的，即文本的无声确保了手机短信的私密性。其次，虽然声音也可以被保存，但是文本的保存和提取都更为方便。另外，文本可以精确地表述某些信息，一方面避免口头语言经常会出现的失误或者误解，另一方面更有利于表达抽象的思想，这也是书面语言较之口头语言的优势所在。

由于利用手机键盘打字毕竟不如电脑键盘那样方便，也由于目前手机短信容量所限，手机短信传播的文本一般都很短小。这种特点一方面限定了手机短信传播一般不用于大量信息的传播，另一方面也创造了独特的短信语言，甚至出现了很多“短信写手”。现在流行的短信“段子”已经有了非常丰富的种类，如幽默短信、整蛊短信、祝福短信、抒情短信等。

第 4 节　微信

微信是腾讯公司打造的一款社交软件，2011 年 1 月 21 日正式推出。微信支持跨通信运营商、跨操作系统平台通过网络快速发送免费（需消耗少量网络流量）语音短信、视频、图片和文字，同时也可以使用通过共享流媒体内容的资料和基于位置的社交插件。微信提供公众平台、朋友圈、消息推送等功能，同时支持用户将内容分享给好友或者分享到微信朋友圈。微信与支付宝一起已成为中国最重要的移动支付平台。

一、微信的发展

微信改变了很多人的生活方式和信息传播方式，带给人们前所未有的信息便捷、黏合便捷和生活便捷。微信作为时下最热门的社交信息平台，也是移动端的一大入口，正在演变成为一大商业交易平台，其对营销行业带来的颠覆性变化开始显现。

微信是一个为智能手机提供即时通信服务的免费应用程序。微信用户数、用户活跃度的持续增长主要源于三个方面的原因：第一是微信群功能、支付功能的不断完善；第二是同京东、搜狗等垂直领域的伙伴达成合作，深化了运营优势；第三是在国际市场上持续推动用户参与度。

（一）微信概况

微信已经实现了对中国人口的全量覆盖，稳坐“国民第一社交 App”宝座。微信用户增长，得益于视频号、小程序和朋友圈用户使用时长的增长。视频号总用户使用时长同比几乎翻倍。小程序的月活跃账户数超过 11 亿，其中作为中国领先的休闲游戏平台的小游

戏贡献显著，并产生了高毛利率和具有平台经济效应的分发和广告收入。

微信不是国内第一款移动互联网即时聊天工具，其设计理念也非原创。微信的创意来源于加拿大 Kik Interactive 公司推出的即时通信软件 Kik。Kik 是通过手机用户本地通讯录与联系人直接建立连接，同时实现免费通信聊天、状态同步等多种功能的社交软件。其设计理念越过移动通信自身的硬件壁垒、通信公司运营壁垒以及社交网络障碍，使得个人手机、平板电脑等移动终端成为社交平台。它操作简单、即时性强、推广迅速、资费低廉。Kik 的应用方式非常简单，实现了高效、自然的在线沟通。通过使用 Kik，用户无须面对面就可以充分了解到信息是否真正到达沟通的另一方和是否有反馈。虽然这一款软件在当时还不能发照片、不能实时对讲或者发附件，但却连接了现实世界和虚拟世界，使移动终端成为新的社交节点。随后，全球类 Kik 产品不断问世，至此，基于手机通讯录的即时通信工具初具规模。

国内第一款类 Kik 产品是小米科技推出的米聊。该产品主张“熟人关系”，在米聊联系人中，百分之百是互联网圈内好友。米聊在普通用户中接受程度并不高，主要用户是互联网 IT 界人士，也许是因为米聊基本上是在业界口口相传，欠缺一些面向大众的推广。

（二）微信的传播优势

微信是移动互联网代表性产品。移动互联网（mobile internet，MI）是一种通过智能移动终端、采用移动无线通信方式获取业务和服务的新兴业态，它将移动通信和互联网络两者结合为一体。

微信极大地促进了网络人际传播与人际沟通。人际沟通指的是两人或者两人以上面对面或凭借简单媒介如书信、电话等非大众传播媒介进行的信息交流活动。马歇尔·麦克卢汉认为，媒介塑造和控制着人类的连接方式、行动的规模与形态。媒介起到一种中介作用，而中介正是媒介最基础的本质。这种中介处于人与人之间、人与现实之间，媒介与人体的器官、中枢连接起来，并向外扩展，形成对“人的延伸”。媒介的每一次变革都将改变人们对外界的感知和理解方式，从而彻底地改变社会。微信的广泛应用冲击了之前所有的人际沟通方式，为现代人带来了前所未有的交流体验方式，引发了人际沟通领域的革命。

保罗·莱文森（Paul Levinson）认为，说话与走路是人类两种基本的交流方式，唯有手机的出现，才实现这两者的真正结合。数字化、互动性是手机的基本特征，其最大的优势是便携性和私密性，作为网络媒体的延伸，兼具互动性好、信息获取即时等特质。作为手机媒体的原始形式，短信具备传播成本低廉，传播及时且能保存编辑，既能同步交互也能异步交互等优势。

微信正在悄然改变着人际沟通方式，其优势是其他媒体无法比拟的：微信本身是免费的；相较短信，微信的语音和视频传播功能使信息传播者与接收者双方之间的沟通更直接、更真实；相较 QQ 与电子邮件，微信又具有更高的到达性；相较微博平台，用微信沟通更为私密。具体地说，微信的传播优势如下。

1. 人性化设计，操作便捷

腾讯微信官网上的广告语曾为“极速、新奇、方便，带给你拇指沟通新体验”。这条广告语点出了微信的第一个便捷之处："会说话的短信"。而"说"的操作并不复杂，只需用户在对话时按住手机屏幕相关键，将自己想说的话说出去即可，简单的操作深得用户心意，也极大程度地扩展了微信用户基础。

微信打破了传统网络交流的固定范围。通过微信，用户可以与 QQ 好友、手机通讯录联系人，甚至微博的用户进行交流。这样跨平台的交流更加便捷，用户使用一种工具就可以与存在于不同平台和圈子的用户进行沟通，节省了用户熟悉不同产品的时间，提高了沟通效率，也拉近了用户之间的距离，衔接了用户的网络与现实生活。

微信推出 Web 版本后，用户可以不再使用传统的用户名密码登录方式，而是使用手机扫描二维码登录，开创了国内 Web 端扫描登录的先河。

微信可以实现让用户永远在线。微信不占内存，资源消耗很少。从理论上讲，QQ、飞信也可以永远在线，但用户的手机不可能永远不充电、不换电池。另外，手机用户在室内 WiFi 与室外 GPRS、3G 间切换，网络的变换会造成信号不稳定，变换一次 QQ 掉线一次，假如信号不好则更加影响使用体验。而这些问题微信都避开了，它可以真正躲在手机后台长久地运行。

2. 多媒体传播

微信可以实时传播文字、图片、音频、视频，全方位、立体地展示传播内容，使信息形式和结构发生本质的变化，使具有不同阅读或收视习惯的受众的需求都得到满足。

智能手机已经得到高度普及，以智能手机终端为主要载体的手机媒体具有巨大的发展空间。微信具有语音、文字、图片、视频等多样的传播方式，为媒体传播提供了技术支持和传播平台。

微信的语音和视频传播方式使得人际传播的双方能够充分地表达自己的情感，即自我表达。自我表达是传播者把自己的情绪、心思、感情、态度及地位、身份与对方进行交流的一个过程。自我认识和让他人与自己相互认识是人际传播中的两个内容。人际传播活动能否顺利进行，取决于传播双方能否充分地相互认识、相互理解，而这又取决于双方的自我表达是否充分。面对面的交流仍然是人们觉得最真实和亲近的交流方式。传统即时通信工具基本都是使用文字符号进行信息传播的，其缺陷是无法运用其他辅助的表达手段；同时，交流的背景信息被消减。只使用文字表达，看不到表情和肢体语言；没有声音，感受不到语气、语调。这样的交流缺少对信息的直观感受，传播的质量受到影响。而微信正好弥补了这个缺陷，其视频和语言聊天功能为人际传播提供了必要的背景信息，能给双方更多情感情绪上的感染，在传达信息的同时使传播的内容更加生动；并且"说"短信不仅给用户带来了独特的体验，更方便省时，增加了用户发布信息的能力，还加大了微信的信息量。

微信综合运用语音、文字、图片、视频等多种方式，使得传受双方可以进行充分有效的自我表达，多元化的传播方式满足了用户的各种需求。而"摇一摇"、"搜一搜"、实时对讲机功能更是对社交平台的创新，丰富了用户的社交体验，使传播效果准确且生动。

3. 系统开放，免费使用，用户黏度高

微信支持腾讯微博、QQ 邮箱、QQ 同步助手等插件功能，支持不同操作系统平台的手机之间相互收发消息，几乎所有即时通信用户都能使用。微信使用是零资费，性价比非常高。

4. 传播主体——双向性、互动性

从传播学角度来看，微信传播以点对点的人际传播为主，具有双向性和互动性。

微信的传播主体即用户群体非常精确。微信的主要功能是类似于电话联系的语音对话，从用户的心理和习惯来说，使用语言进行聊天的传受双方关系会更为密切。在精确化的交际圈中，微信的传受双方以亲人、闺蜜、朋友、同事为主，这也就决定了双方通过媒介传递与反馈信息的互动性更强。

5. 传播内容——私密性、即时性

由于传受双方的强人际关系，微信信息交流内容也更为私密。在微博上，粉丝可以看到所关注用户发布的相关信息，传播者传播的内容是给所有认识或者不认识的人看的，内容是公开的。微信在添加好友、建立朋友圈时，只有选择通过加入手机和用户关系的验证，才能与其互动聊天或者在朋友圈状态中留言。尤其在朋友圈中，用户的好友可以看到其发布的状态信息，且信息互动只停留在传受双方的移动终端上，只有传受双方能够听到看到，其他用户无法在自己的界面获知。用户在使用这一款软件时的隐私得到了保护，利于私密内容的交流，恶意骚扰和垃圾广告则无法介入。

6. 传播渠道——多媒体平台集成共享

除对手机基本功能的最大化利用外，微信同时实现了传播渠道的拓展和优势平台的集中。微信相继推出了二维码、LBS定位等功能，其中二维码是身份认同，在摄像头前扫描即可辨认用户身份信息，而LBS定位功能则可以用来找朋友。

7. 用户分析——全方位、立体化的社交网络

微信是以强人际关系为主要社交关系的。作为一款基于手机端的通信软件，微信是以个人人际关系为核心，通过强关系和弱关系两种方式进行信息的生产和传递的。从微信强关系来看，微信最基本的关系网络都是基于现实生活关系的，这种关系都带有相互关注的特性，双方主要以点对点方式沟通信息。从微信弱关系来看，微信提供了许多功能，可以扩大社交范围。弱关系所传递的信息一种是用户信息，可以通过查找“附近的人”“摇一摇”等功能接触陌生用户；另一种是通过App和公众平台等方式接收来自陌生用户的信息。

微信用户社交范围可以分成熟人交际圈、千米交际圈和陌生人交际圈三类。熟人交际圈代表的是近距离交际圈、强人际关系圈，千米交际圈和陌生人交际圈代表的是中距离和远距离交际圈、弱人际关系圈。这三类社交圈表明微信的社交圈从熟人推向陌生人。微信通过实现三个断面的全面覆盖，形成了全方位、立体化的社交网络，人们可以根据需要更加精确化地分配社交精力。

8. 传播效果——扩散性、准确性

首先，微信上的公众账号具备简单的广播能力，微信提供了公众账号的关注功能，有些“大号”的粉丝数可达千万级，可以实现简单的广播功能。其次，微信朋友圈也渐渐成为新的分享平台。与微博的公开信息分享不同，微信的朋友圈是一个熟人圈的信息分享，是一个充分稳固的关系链，用户发送至朋友圈的信息可以被圈内所有朋友共享，实现了一对多的信息扩散。

微信以点对点的人际传播为主，点对点传播可以使信息到达率几乎达到100%。而微

信主打的语音聊天，点对点的传播类似于现场直播，通过声音来传达情感，能够更好地把握传受双方的心理，传受双方的关系会更加亲密。在精准的微信交际圈内，传受双方以强人际关系为主，传递与反馈的信息内容真实而准确。

总之，微信给人们的生活方式带来了变化。微信官网上写的广告语是“微信，是一个生活方式”。以微信为代表的新的信息传播媒介的产生改变了人类的生活方式和生存方式，它为用户建立了从熟人到陌生人的全方位、立体化的社交网络，同时满足了人们的情感需求。

媒介的使用与需求理论认为：受众能够主动选择信息源，而不是简单、被动地接收媒体所传送的信息；是人在利用媒体，而非媒体在利用人，即便媒体对人产生影响，也是人主观选择接受媒体的影响；人可以通过多种选择来满足自己的需求，这些选择受控于人际关系和心理活动。“微信控”现象的产生，其根源是个体的需求得到了满足。

马斯洛需求层次理论认为，人有生理需求、安全需求、归属与爱的需求、尊重需求、自我实现需求，后来他又在后两者间增加了认知需求和审美需求。想要获得或维系爱情、友情、亲情，或者证明自己的优势和展示个人的特长从而获得他人尊重，或者得到理解、支持与认可，以实现自身价值并获得自我满足，都离不开建立在沟通基础上的人际交往。

现实社会的多种复杂因素左右人际沟通，会使部分人产生交往障碍，自我价值需求无法得到满足。基于微信的人际沟通，部分是建立在陌生人关系圈基础上的，弱化了身份、地位等因素对交流的限制，平等的话语地位最大限度地保证了表达的真实性；间接性的人际沟通过滤掉了肢体、表情等语言，保全了对方面子，弱化了尴尬感，消除了顾虑，使人更能吐露真实想法。以微信为媒介的人际交往，可以提高自我认可程度，形成自尊、自信和自我肯定的主观感受。

同时，现代人生活节奏快，生存压力大，渴望与人交流，但现实生活中，多数是“沉默孤独的一代”。微信则为陌生人的交往提供了情感表达需求得以满足的平台。交流与交往的身体的缺位，使具有不同性格、不同性别、不同文化程度的人相互结识并充分进行自我表达，使现实中孤寂的心灵得到安慰，把人从紧张的心理状态中解放出来。微信的另一部分交流是建立在熟人关系圈中的，这种交流巩固了熟人关系，也迎合了中国人含蓄委婉的交往特质。

（三）微信存在的问题

1. 信息过载

微信信息过载主要指微信推送可能会造成的垃圾信息问题。微信的信息传达方式是通过实时推送来完成的，推送让用户不会遗漏任何信息。然而，正如垃圾邮件一样，如果微信信息推送功能被滥用，就会降低用户体验，不可避免地给用户带来困扰。同时，许多传统媒体希望通过微信扩大自己的影响力，因而试水公众平台。但如果用户关注的公众平台较多，而媒体每天推送的内容高度相似，则容易使用户产生不耐烦甚至厌恶的情绪。对用户来说，过载之后的信息就变成了垃圾。

2. 国家安全与个人隐私保护

在主流的通信软件中，微信的安全性相对较差。从苹果系统上的 iMessage、广为人知的 WhatsApp，到俄罗斯的 Telegram、斯诺登代言的 Signal、瑞士公司的 Wire，还有 Line、Kakao Talk、FB Messenger 等，无一不默认使用端对端加密或提供端对端加密选项。端对端加密意味着聊天对象双方协商生成一个加密密钥，只有双方有能力解密，任何第三方，包括通信服务器即使获取了聊天数据，也无法解密内容。相反，使用 SSL 加密（根据微信“隐私服务协议”，微信采用了 SSL 加密技术保护信息安全）或者私有的加密协议，理论上服务器还是能够查看所有信息，无法保证用户聊天信息的安全性。

虽然微信在添加好友需认证、朋友圈可设置可视范围等功能上对用户隐私起到了一定的保护作用，但社会上利用微信进行不法活动的案例仍屡见不鲜。微信涉及用户个人数据、隐私信息，如果保存和管理不得当，例如，对通讯录和手机备份资料没有进行安全设置或妥善保管，则存在泄露的可能性。另外，用户在利用 LBS 功能去做人际关系拓展的同时，也存在个人信息泄露的问题。

二、微信的社会影响

微信，是数字经济下的重要产品，以社交关系链为核心，通过连接、协调、赋能的平台力量，将新技术、新应用、新模式深度植入工作生活及社会治理，促进互联网惠及更多民众，持续拉动信息消费，不断带动相关就业，推动人与人、人与设备乃至人与社会的深度互联，为经济社会转型升级与和谐发展带来积极的影响。另外，微信还成为最重要的移动支付平台。

（一）意见领袖多样化

日常生活中存在着可以通过传播信息对别人的行为产生一定影响的人物，即意见领袖。研究发现，无论是对报纸、杂志还是对电视、广播，意见领袖的接触频度和接触量都远远高于和大于一般人。因此，大众传播中信息并不是直接“流”向一般受众，而是要经过意见领袖这个中间环节，即大众传播→意见领袖→一般受众。这就是两级传播。

新媒体的出现使得意见领袖们可以不再借助于大众传播这个环节，它为意见领袖们提供了更为方便的传播手段，可以说新媒体催生了自媒体。只要你拥有话语权、拥有信息，你自己就是一个媒体，能吸引到关注你信息的人来关注你，随之产生影响力。微信作为很好的自媒体平台，吸引了非常多的自媒体人入驻。平等的话语权和操作简单、开放的公共平台使得越来越多的意见领袖纷纷涌现，他们的职业、阶层变得更加多样化。

（二）构建“熟人-熟人”和“熟人-陌生人”的多维社交网络

微信对于构建多维度的社交网络具有重要价值。微信是从相对稳定的熟人群体，基本是朋友、同事、亲戚出发，然后再逐渐扩展到陌生人层面。第一，微信可以与 QQ、手机通讯录等无缝对接，只要好友有微信账号，就可以通过通讯录直接添加好友或者邀请好友开通微信。这为微信打开了以手机通讯录等为代表的熟人强关系社交圈。而且由于微信全媒体的传播方式使得熟人社交圈的关系得到维护，熟人之间变得更加亲密和私密，因此它在“熟人-熟人”的人际传播方面具有无可比拟的优越性。这也是微信推出之初便迅速发展的重要原因。第二，微信逐渐把社交圈扩展到陌生人层面，相继推出了基于 LBS 的查看“附近的人”功能，能够查找距离用户 1 000 米范围内的其他用户，这个范围属于一个可视范围，用户可以查看附近用户的头像、昵称、签名及距离，进而与其他用户产生联系。而“摇一摇”等功能可以拓展弱关系链（即陌生人），最终构建一个“熟人-陌生人”的多维度社交网络。

（三）将人际传播、群体传播和大众传播融为一体

原始的信息传播方式应该是一对一的，是一种典型的人际传播。人际传播作为人类传播活动的初始形态和典型形式，它的突出特点在于：传播过程中的传者和受者均是个体，没有面向大众，也不涉及任何组织和团体。人际传播在本质上来说是个人之间相互交换精神内容的活动。精神内容交换的质量如何，在很大程度上取决于媒介。书籍传播时代出现了一对多的传播，这是大众传播的端倪。大众传播是专业化的媒介组织运用先进的传播技术和产业化手段，以社会上一般大众为对象而进行的大规模的信息生产和传播活动。

微信传播将即时的大众传播、群体传播和人际传播相融合，传播范围多为手机通讯录中的好友，属于群体传播。个性化的传播操作功能使得微信既具备大众传播与人际传播各自的优势，又突破了两者的局限。移动终端上的微信不但可以令交流更加及时，其丰富多样的沟通方式也使得信息传播更具精度、深度和广度。联系人间的信息传受由静态向动态转变，具有一级扩散能力，而且传播形式更加个性自主。微信越来越像一个移动的平台，通过“二维码＋账号体系＋LBS＋支付＋强关系链”的 O2O 方式融合了线上线下，既可以与熟人进行多种方式聊天，又可以通过“摇一摇”和陌生人交友，开启了人际传播、群体传播和大众传播融合传播的新时代。

知识窗

强联系和弱联系理论

美国社会学家马克·格兰诺维特（Mark Granovetter）于 1973 年在其论文《弱联系的力量》中提出强联系和弱联系理论。他认为，每个人接触最频繁的是自己的亲人、同学、朋友、同事，构成一种十分稳定的、传播范围有限的社会认知，即“强联系”（strong ties）现象；同时，还存在更为广泛的、更为肤浅的社会认知，例如被无意间提到或者打开媒体偶然看到或听到的一个人。他把这种关系定义为“弱联系”（weak ties）。

微信通讯录中的人都是用户自己熟知至少是知晓的人，属于所谓的“强联系”现象。从强联系和弱联系理论出发，可以理解为什么微信中的新闻信息信任度高：微信属于强联系传播，所以用户对其中的新闻信息更加信任。

第 5 节　微信支付与支付宝

微信支付是腾讯集团旗下的第三方支付平台。2013 年 8 月 5 日，财付通与微信合作推出微信支付，微信支付正式上线。2014 年 1 月 4 日，滴滴打车接入微信支付，3 天突破 10 万单。2014 年 1 月 27 日，微信正式推出微信红包，并迅速流行开来。2015 年 5 月，零钱用户突破 3 亿。2021 年 9 月 30 日，微信支付与银联云闪付联合发布深化支付合作与互联

互通的声明。2023 年 3 月，数字人民币 App 支付平台新增“微信支付”。2023 年 5 月 22 日，微信刷掌支付功能正式发布，用户可以在刷脸设备上进行刷掌操作。用户需要先在设备上绑定个人微信账号，录入手掌纹样。消费时，将手掌对准支付设备的扫描区，确认后即可完成支付。2023 年 7 月，腾讯陆续开放微信支付商户网络给 VISA 等国际信用卡或借记卡组织，方便境外用户在中国内地能以常用的信用卡和借记卡绑定微信支付。2023 年 7 月 20 日，微信支付完成对国际银行卡用户服务的全面升级。境外用户使用微信支付绑定境外银行卡后，可在中国境内包括餐饮、交通、酒旅、商超等领域的绝大部分商户以扫码与被扫码、小程序支付、免密代扣、App 内支付等多种支付方式使用移动支付。2023 年 12 月，《非银行支付机构监督管理条例》公布，将非银行支付机构及其业务活动进一步纳入法治化轨道进行监管。微信支付称，将进一步深刻领会党中央关于金融工作的重要论述和决策部署，牢牢把握金融工作的政治性、人民性，在金融管理部门的指导下，坚持小额、便民宗旨，专注主业、提升服务，更好满足用户支付结算需求，不断提升服务实体经济质效，为经济社会高质量发展注入更多价值与活力。

微信支付盈利模式主要有：沉淀资金可用于金融投资、资金周转，以及获取相应的利息；提供简洁的交易渠道，按每笔交易收取 0.1%的手续费；按流量收取手续费。微信提现免费使用量是 1 000 元，超过部分要收取相应的手续费；广告提成；第三方游戏收益。

虽然中国国内移动支付的开拓者是支付宝，但是微信支付已经后来居上，超越支付宝，成为中国国内移动支付的主要方式。

2003 年，为了推进淘宝网购的进一步发展，阿里巴巴推出支付宝服务。从此，一个影响中国人至深的国民级软件诞生，并引领了中国移动支付的潮流。支付宝的出现，有其特殊和必然性，是电子商务催化的产物。买卖双方要达成交易，诚信和支付的环节必不可少，诚信是基础，支付是手段。可以说，是电子商务平台的出现倒逼支付宝的产生。而微信支付更像是在已经修建好的城市公路中拔地而起的一座高架桥，是在原来有路可走的前提下另辟蹊径开拓一条快速通道，加快了车辆通行速度。

支付宝盈利模式主要有：沉淀资金可用于金融投资、资金周转，以及获取相应的利息；服务佣金，目前第三方支付企业首先和银行签协议，确定给银行缴纳的手续费率，然后第三方支付平台根据这个费率，加上自己的毛利润即服务佣金，向客户收取费用；按流量收取手续费。支付宝免费使用量是 1 000 元（实名认证用户 10 000 元），超过部分要收取 5%手续费；交易抽成，每笔使用支付宝完成的交易需要缴纳一定的费用；广告提成。

2014 年之前，支付宝一直都是第三方支付市场的绝对霸主。然而，2014 年的一场春节红包大战，却让支付宝被结结实实打了一闷棍。2014 年，微信凭借春节的有利时机，发动了春节微信红包活动，以此突袭了第三方支付市场。仅仅两天之内，微信的绑卡量就达到了 1 亿张，是支付宝需要花 8 年时间才能够完成的任务。

支付宝影响力下降的背后，其原因是非常深刻的。在客观层面，支付宝定位的是工具型软件，这也注定了支付宝很难增加用户时长。许多人虽然手机里也是必备支付宝，但是每天打开支付宝的次数并不多，使用支付宝的时间也并不长。只有在特定的支付或者金融需求下，人们才会习惯性地去打开支付宝。一旦人们对支付宝的需求不大，甚至逐渐变小的时候，那么它的影响力的下降也会成为必然。而在主观层面，支付宝营销团队鲜有推出亮眼的活动来吸引用户。正是因为支付宝的工具型属性，用户在支付宝上面的使用时长天然地赶不上社交类的软件，比如微信、QQ 等。想要保证支付宝的影响力和活跃度，就必须不断推出新的、有吸引力的活动，来增加用户对支付宝的打开频次，创造更多的支付场景。早几年，支付宝的许多新活动或新功能非常吸引人，所以支付宝还能时常保持存在感。但现在，支付宝营销团队已经很久没有推出一项现象级的活动了。因此，支付宝关注的衰减和影响力的下降也就变得不可避免了。

支付宝在国内移动支付市场被微信支付打得节节败退，但在海外市场却领先于微信支付。不过，支付宝和微信支付开拓海外移动支付市场仍处在起步阶段，即使 Apple Pay 在美国超越了 PayPal 成为移动支付市场带头大哥，全美市场支持 Apple Pay 的商家也只有 36%。所以在微信支付和支付宝的这场较量中，国内市场仍然还会是关键。如今的微信支付已经占尽了先机。

思考题

1. 请分析手机短信的传播特征。
2. 你认为微信是否能够完全替代手机短信？为什么？
3. 请使用创新扩散理论分析微信迅速发展的原因。
4. 请结合案例分析强联系和弱联系理论。

在线自测

扫一扫　练一练

第 5 章　新闻客户端与短视频

第 1 节　新闻客户端的发展

随着技术进步和信息传播媒介的转变，新闻资讯行业的发展历经三个阶段：依靠于广播、电视、纸媒等渠道的传统媒体时代；紧跟门户网站和 PC 电脑发展潮流的 PC 互联网时代；追求分众定制、即时互动、定制化信息的移动互联网时代。如今，随着智能手机和移动互联网的迅猛发展，手机新闻客户端作为人们获取资讯的重要渠道，扮演着日益重要的角色。在我国这个拥有庞大用户群体的市场中，手机新闻客户端的发展呈现多样化和快速演变的趋势，从最初简单的新闻浏览功能，到如今集资讯、社交、视频、直播等多种功能于一体的综合平台，我国手机新闻客户端越发成熟，已经成为人们日常生活中不可或缺的一部分。

目前，我国手机新闻客户端市场呈现出百花齐放的局面，各大新闻机构和互联网公司纷纷推出自己的新闻客户端产品，通过内容聚合、个性化推荐、社交分享等功能，竞相争夺用户的注意力和时间。例如，新华社、人民日报、央视等传统媒体纷纷推出手机新闻客户端，通过自身的新闻资源和专业水准吸引用户；腾讯、新浪、今日头条等互联网公司也通过技术和算法优势打造自己的新闻客户端，以及时向用户推送个性化内容。

在网民内容偏好升级的环境下，手机新闻客户端的内容呈现方式在不断创新，从文字、图片、音/视频到 3D 动画、VR/AR、直播，多元内容载体蓬勃发展，使得用户可以更加直观地获取新闻资讯。同时，人工智能算法的运用，使得新闻推荐更加精准。这些技术创新为用户带来了更加丰富多样的新闻阅读体验，也为手机新闻客户端的发展注入新的活力。

技术不仅革新了新闻的传播方式，也渐渐改变了网民的生活方式和获取资讯的行为习惯。从文字、图片到音/视频，网络视听产品不断创新。随着互联网移动化、碎片化、场景化特征凸显，直播、短视频逐渐成为资讯内容分发的重要形式与渠道。近年来，直播、短视频行业发展迅速，用户规模不断增长，5G 技术的加持让这一趋势愈加明显，手机新闻客户端纷纷发力，加速布局，开启短视频和网络直播新热潮。传统横屏新闻短视频模式被打破，竖屏领域全面开启，还出现了“长跑小直播、重拳大直播”的新局面。

一、客户端的概念与类型

客户端是指与服务器相对应，为客户提供本地服务的程序或终端。所以，手机新闻客户端就是为客户提供新闻资讯，实现移动服务的程序或终端，是基于移动互联网技术，满足受众在手机端实现新闻阅读的时代产物。

以功能为标准，手机新闻客户端大致经历了以下发展历程。最初，手机新闻客户端主要是由传统媒体机构或互联网公司推出的简单应用程序，提供新闻阅读等基本功能。随着移动互联网的快速发展，手机新闻客户端逐渐实现了从单一功能向多元化发展的转变，开始加入更丰富的内容形式，如图片、视频等，以满足用户多样化的阅读需求。同时，直播、个性化推荐、社交分享等功能也逐渐成为手机新闻客户端的标配，帮助用户更快速、精准地获取感兴趣的内容。

随着越来越多功能的融合，手机新闻客户端不再仅仅是新闻阅读的平台，更成为用户生活的一部分，用户可以在新闻客户端中进行在线购物、社交互动、观看直播，手机新闻客户端实现了"一站式"服务。同时，一些新闻客户端还通过内容付费、会员制度等方式进行商业化探索，为内容生产者和平台运营商带来新的盈利模式。

手机新闻客户端的功能越发齐全，随着技术的不断进步和用户需求的不断变化，手机新闻客户端的发展仍将持续向着更智能化、个性化、多元化的方向发展。目前，手机新闻客户端主要分为以下四种类型：

第一，传统媒体的数字化转型平台。在媒体融合背景下，为了适应新媒体的发展，拥有新闻采编资质的传统新闻媒体作出应对及转型，推出手机新闻客户端，延续其内容的专业性与权威性优势，进行信息传播。

第二，传统互联网门户网站的移动化应用。传统互联网门户网站依托其庞大的用户基数与积累的品牌优势，进行新闻传播，其内容丰富、用户广泛、互动活跃，在满足用户信息需求的同时，增强用户黏性，扩大品牌辐射力。

第三，聚合类新闻资讯客户端。其本身不产出内容，而是通过多维渠道聚合行业各类信息源，并利用智能算法，根据用户阅读特点和个人偏好进行个性化推荐，以此满足用户的信息需求。

第四，垂直类新闻资讯客户端。细分垂直领域的新闻客户端专注于某一特定人群的需求进行纵向延伸，聚焦专业领域及专业化的内容，平台中的用户黏性更高，易建立起用户的信任机制，更易实现商业变现。

二、盈利模式

新闻客户端的第一个盈利模式就是对广告主开放广告位，收取广告费用；第二个盈利模式是订阅收费，对一些独特、优质的内容进行收费，用户只有付费之后才能看到相关内容；第三个盈利模式是电商特卖，向特定用户推送特卖产品信息。但这些盈利模式的实施过程似乎不太顺畅。

随着新媒体技术的蓬勃发展，媒体格局与舆论生态发生深刻改变，传统媒体面临巨大的发展压力，人们获取信息的渠道和阅读习惯逐步改变，广告客户投放的重点也随之向新媒体平台转移。按理说，广告理应是新闻客户端的核心盈利模式，但是和传统媒体平台相比，新闻客户端的广告吸纳体量太小，而且还有一些制约因素：第一，手机客户端受屏幕尺寸的限制，只能提供有限的广告位，广告位过多会直接影响用户体验的提升；第二，硬性广告形式过于简单，基本分为三种：开屏广告、首页轮转图广告、信息流广告；第三，软性广告（详情页广告）创意策划能力较弱，培养用户时间成本高，投入周期长。

“付费墙”是传统报纸对其在线内容实行有价阅读而建立的支付模式，但中国的网民虽然愿意为内容付费，却不愿意为新闻付费。造成这种情况的原因，一是中国用户早已习惯免费接受新闻资讯；二是目前新闻资讯类的客户端数量众多，用户的选择非常多，而且大部分新闻客户端内容产权保护意识很弱，内容资源趋于同质化，值得用户付费的有价值的内容极为有限，一旦需要付费，用户有可能就不会选择这个客户端。所以“付费墙”模式在中国媒体的转型中没有形成趋势，至今采取此种模式的只有财新、《南方周末》等少数几家媒体，就连澎湃新闻、《新京报》等影响力很大的媒体还在探索新闻付费模式。

在“互联网＋”背景下，新闻客户端借助自身的内容和品牌优势介入电子商务领域，是移动互联网与新闻媒体结合的产物，也是在全新的生态环境下，媒体社会价值和商业价值结合的重要转型方向。今日头条设置特卖专栏，通过分析用户群特性推送特卖产品信息，包括家居用品、电子数码等信息，但是此种推广方式比较生硬，除产品本身及价格有特别的吸引力外，下单量很难保证。

围绕连接和流量整合多重媒体资源，将广告与线下活动相结合，通过网民和客户资源的共享，实现新媒体的广告价值和平台渠道价值，成为传统媒体新闻客户端优化盈利模式的有效途径。因此，提升用户黏性是传统媒体新闻客户端亟须解决的问题。

对于互联网公司开发的新闻客户端来说，盈利模式较为多元化。消费者的消费习惯日益呈现多元化特征，对于品牌及广告主而言，提供用户信赖、认可的营销内容是影响用户消费选择的关键。与此同时，在信息过载的当下，面对有限的用户时间与无限信息供应之间的矛盾，用户对优质、有价值内容的需求愈发高涨。手机新闻客户端凭借内容层面的精耕细作，借助短视频、直播等形式，不断升级分发赛道，开展多种对精品内容的扶持举措，为品牌广告主提供内容营销中相当重要及高效的传播渠道。

第 2 节　新闻客户端发展中存在的问题及对策

一、加剧信息茧房

信息茧房是指人们关注的信息领域会习惯性地被自己的兴趣所引导，从而将自己的生活桎梏于像蚕茧一般的“茧房”中的现象。由于信息技术提供了更自我的思想空间和任何领域的巨量知识，一些人还可能进一步逃避社会中的种种矛盾，成为与世隔绝的孤立者。在社群内的交流更加高效的同时，社群之间的沟通并不见得一定会比信息匮乏的时代更加顺畅和有效。

早在 19 世纪，法国思想家托克维尔就发现，民主社会天然地易于促成个人主义的形成，并将随着身份平等的扩大而扩散。在桑斯坦看来，网络信息时代在带来更多资讯和选择，看似更加民主和自由的表象下，其实也蕴藏着对民主的破坏。从网络茧房的个人表征方面观察，可以发现，网络茧房以“个人日报”的形式彰显。

桑斯坦在其著作《网络共和国》开篇生动地描述了“个人日报（dailyme）”现象。在互联网时代，伴随网络技术的发达和网络信息的剧增，我们能够在海量的信息中随意选择自己关注的话题，完全可以根据自己的喜好定制报纸和杂志，每个人都有为自己量身定制一份个人日报的可能。这种“个人日报”式的信息选择行为会导致网络茧房的形成。当个人长期禁锢在自己所建构的信息茧房中，久而久之，个人生活呈现一种定式化、程序化。长期处于过度的自主选择，沉浸在个人日报的满足中，失去了解不同事物的能力和接触机会，不知不觉间为自己制造了一个信息茧房。

在桑斯坦看来，生活在“信息茧房”里，公众就不可能考虑周全，因为他们自身的先入之见将逐渐根深蒂固。一些国家就由于这个原因走向灾难。对于生活在信息茧房的领导人和其他人而言，这是一个温暖、友好的地方。但是，重大的错误就是舒适的代价。对于私人和公共机构而言，茧房可能变成公众一种可怕的梦魇。网络的广泛使用，让每个人都能获得自己所喜欢的信息。假如一个社会也是如此的话，各个社会群体便会分裂。这样的一种思想偏狭将会带来各种误会和偏见。正是因为消息是免费获取的，所以在无数的新闻面前，公众必须做出取舍。假如每个人都只按照自己的心意选择自己喜欢看的消息，那么，每个人的世界都只是他们所希望看到的，而不是世界本来应该拥有的样子。

的确，新科技让公众能置身于许多他们过去很难找到的信息中，其中包括了新话题和新观点。例如公众想找各种不同癌症及其新疗法，你可以在一分钟内完成。如果公众想知道不同汽车的危险发生可能性，借由一个快速搜索他就能得到一堆资料。如果公众想了解某个国家的政治、风俗与气候，最好的百科全书也没有网络检索管用。新的传播技术有利于公众接触更多意见和话题，但是，许多街谈巷议的谈论，特别在网络上其主题往往更为局限。每个组织都有自己的网站，大部分网站与其持相同看法的网站链接，很少与其持相反看法的网站有交流。

桑斯坦认为，新的传播技术并不会使公众缺乏好奇心或街谈巷议者从此消失。相反，公众越来越好奇，对街谈巷议的需求也持续升高。网络化虽带来更多资讯选择，看似更加自由，但在“个人本位”的理念下，势必蕴藏着对自由的潜在破坏。当个人忽略公共媒体而对观点和话题进行自我设限时，这样的机制其实存在着许多危机，愈来愈多的人只听到他们自己的回音，这样的情形比分裂更糟糕。当然，桑斯坦也认为，随着每个人获得广泛分散的他人所拥有的信息，而且信息传播技术的发展使积累知识的发展更快、更便捷，人类要摆脱居住在信息茧房所带来的梦魇，可以通过集体的产品——由公众自由参与信息发布与维护的维基等载体形式，自由、积极地向社会贡献自己的信息，使社会广泛而复杂的信息得以聚合，使信息真实全面、准确客观，既影响私人行为也影响公共行为。

不少新闻客户端个性化推荐系统造成审美疲劳。如今，个性化推荐系统已被广泛应用于购物、新闻和流媒体等在线服务平台，其本质是通过对用户行为痕迹数据的分析，预测用户可能感兴趣的内容并进行推荐。然而，这种“定制化”的信息服务往往因为引发了“过滤气泡”问题而受诟病。个性化推荐算法使得人们只能接收到符合自身偏好的内容，难以接触到多元化信息，长此以往，用户将身处“窄化的信息世界”中，人们只能听到与自己立场和偏好一致的声音，逐渐产生极端化态度，进而促使不同立场的人群之间更加割裂，甚至导致社会的两极分化。为了避免这些负面影响，如今的个性化推荐系统不再盲目追求推荐信息与用户偏好的高度一致性，而是倾向于在推荐算法的准确性和多样性之间寻求平衡，比如在推荐过程中引入意外发现机制，以提供更广泛的信息源和更多的异质信息。

二、信息内容同质化

在一部分主流媒体新闻客户端中，信息内容同质化依旧明显，原创优质内容供应不足。例如，一些新闻客户端首页大量转载《人民日报》、新华社、央视新闻等头部媒体的新闻资讯，重复推送其他媒体生产的信息，呈现“千端一面”的情况。究其原因，一方面因为重要时政新闻、突发事件能够获得大多数媒体的关注；另一方面，很多腰部、尾部新闻客户端由于自身资源有限，难以获得一手消息来源，经常需要转载头部新闻客户端生产的新闻资讯，因此在一定程度上加剧了信息内容的同质化。面对同质化的资讯内容，用户会选择头部媒体的新闻客户端，市县区级新闻客户端则面临更加狭隘的用户市场，马太效应愈加明显。

体制机制壁垒导致资源利用率低下，新闻客户端的优势难以得到发挥，信息资源无法共享，造成资源浪费。新闻客户端借助“中央厨房”平台，能够做到“一次采集、多种生产、多元传播”，但旧有的编辑室思维根深蒂固，部门壁垒难以打破，增加了合作沟通的成本。由于媒体内部门各自为政，优质信息分散在多个部门，无法共享。负责运营管理新闻客户端的部门定位，难以对接多个部门实现优势资源的整合，直接影响内容生产的质量和时效。同级主流媒体新闻客户端之间未能跨媒体合作，打造统合本地区资源的综合性内容平台，实现优势互补、降低投入。同时，同一级别的各媒体单位甚至同一媒体单位各自建设新闻客户端，投入大，回报低，造成重复建设、资源利用率低下。用户实际下载的新闻客户端数量有限，多个新闻客户端既分割了媒体投入，又造成用户的分散。

三、版权纠纷

版权问题成为制约新媒体类手机新闻客户端产品发展的要素。新媒体类手机新闻客户端多是聚合类应用，它们本身并不生产新闻，在向用户发布消息前需要从大量的互联网信息中筛选、总结、归纳，再将消息推送到用户的客户端上。其实，新媒体类手机新闻客户端起到一个消息中介的作用，它连接新闻的生产者和受众。在新媒体类手机新闻客户端产品大跨步发展的同时，版权问题也变得越来越受到重视。

四、发展对策

（一）差异化

在内容为王、知识付费的思维导向下，也会衍生一些垂直度较高的精英化、小众化手机新闻客户端。这些平台将借助专业优势和资源优势来圈划阶层受众，并通过服务阶层受众来实现自身的生产价值。服务圈层的媒体虽然面对用户的体量很有限，但是他们的消费能力很强，用户黏性较高，投入产出比会相当可观。

（二）智慧化

人工智能、机器学习的技术发展拥有极大空间，虚拟与现实、人与机器的智慧化交互将会成为常态，通过更便捷的视听语音交互获取资讯也将成为可能。未来的媒体可能就是一个无所不知、无所不能的机器人，或者是一个装载着高度智慧程序的终端，只要向它发出指令，它就能及时满足用户的想法。

（三）视觉化

视频包含图像与音频，因此它可以以一种接近人的“在场”状态的方式去了解新闻事实，直观和情绪感染力强是视频在各种传播方式中的特点和优势。所以为了避免常见的文字、图片阅读给受众带来的审美疲劳和阅读压力，新闻信息的视频化无疑更能满足受众在新闻的视听接收方面的需求。新闻客户端的很多短时间、低技术门槛的直播都引起了现象级的互动与热议，因此，直播也是未来手机新闻客户端发展的广阔天地。

（四）社群化

构建强关系社群是主流媒体新闻客户端今后发力的方向之一。各主流媒体新闻客户端已经拥有一定的用户规模，后续可以大胆探索社群化运营，在提升用户忠诚度的同时，让用户也参与到内容生产的过程中。根据用户浏览、讨论、生产的内容，运用大数据技术进行精准用户画像，有利于精准内容营销，也为后续商业变现积累资源优势。新闻客户端可以设置新闻板块的垂直话题，吸引用户参与讨论，形成网络社群，还可以结合本地区的资源，策划深度卷入公共生活的主题活动。例如，澎湃新闻推出城市漫步活动，组织市民线下观察、感受城市空间，参与城市事务的讨论与决策，以协作式新闻布展的方式完成内容生产，盘活用户社群。

（五）综合化

网络舆论环境复杂多变，媒体除了需要及时汇聚、分发信息以外，还要担负引导舆论、反映民意、防治谣言、引导情绪和公益救助等职责。在移动互联网与社交媒体活跃的数字传播环境下，传统舆论引导格局发生裂变，互联网常常起到“放大镜”“扩音器”的作用，如果舆情没有得到及时疏导，则极易引发连锁反应，产生严重的社会后果。

未来，人类将面临的非传统风险可能会越来越多，如何更好地守护正向价值，参与社会治理，推动社会问题解决，是包括手机新闻客户端在内的各大媒体平台进一步探索的方向。

第 3 节　手机短视频

我国短视频发展大致可以分为以下阶段：2011—2015 年是行业蓄势期，随着智能移动终端与数据流量、WiFi 网络的逐渐普及，以及快手、美拍等短视频平台的陆续上线，短视频这一传播形式也正式走进人们的视线；2016—2017 年是短视频发展由开始的“不温不火”到兴盛的过渡时期，新一代通信技术的普及、网络基础与配套设施的完善加快了人们上网冲浪的速度并降低了流量使用成本，短视频内容分发渠道开始多样化，平台类型呈现多元化趋势；2018—2019 年为爆发期，多方资本涌入，政策监督力度加大，各大互联网巨头对短视频这一领域展开争夺；2020 年至今，短视频发展进入沉淀期，市场格局逐渐稳定，抖音、快手头部优势扩大并寻求资本化道路，商业变现模式逐渐稳定。

第 53 次《中国互联网络发展状况统计报告》显示，截至 2023 年 12 月，我国短视频用户规模为 10.53 亿人，较 2022 年 12 月增长 4 145 万人，占网民规模的 96.4%。短视频涉及休闲娱乐、教育、科普、新闻等多方面内容，大大拓展了内容创作者的表达形式与空间。

根据《中国网络表演（直播与短视频）行业发展报告（2023—2024）》，2023 年中国网络表演（直播）行业市场营收规模达 2 095 亿元人民币，较 2022 年增长 5.15%。

抖音的兴起就是一个典型的案例。抖音是一款可以拍短视频的音乐创意短视频社交软件，该软件于 2016 年 9 月上线，是一个专注年轻人音乐短视频社区的平台。用户可以通过这款软件选择歌曲，拍摄音乐短视频，形成自己的作品。

快手大数据研究院与快手新知联合发布的《2024 快手泛知识数据报告——老铁知识百科，生活随处可问》，截至 2023 年 12 月，快手泛知识兴趣用户达 3.4 亿；泛知识万粉创作者超 124 万，视频发布量同比增长 45.4%；直播作者数则同比增长 32%，直播间观看时长同比增长 96.4%。2023 年快手泛知识创作者人均收入达 1.3 万元，59.4%的有收入创作者来自新线城市（三线及以下城市）。

全球最大的视频网站是 YouTube，这家视频网站早期公司位于美国加利福尼亚州的圣布鲁诺。于 2005 年 2 月 15 日注册，由美国华裔陈士骏等人创立，让用户下载、观看及分享影片或短片。2006 年 11 月，Google 公司以 16.5 亿美元收购了 YouTube，并把其当作一家子公司来经营。根据 YouTube 官网的数据，截至 2023 年 4 月，YouTube 在全球拥有至少 25.27 亿用户，其中 45.6%是女性，54.4%是男性。

随着产业规模的持续扩大、产业生态的逐渐成熟，短视频产业正成为舆论宣传重要阵地和视听产业发展主要引擎。当前，中国移动短视频行业“两超多强”格局逐渐形成，抖音、快手的“两超”领跑地位仍然稳定，与此同时，众多平台基于内容和用户的垂直细分和精准传播呈现阶层化分布：抖音、快手仍然处于领先的第一梯队，西瓜视频、好看视频等处于中流第二梯队，2020 年兴起的微信视频号、微博视频号、腾讯微视等处于第三梯队，而 2021 年微信视频号后来居上。2020 年，微博发布“微博视频号计划”，作为视频内容创作的扶持计划，其包含了账号管理、产品服务、权益分成等内容。作为国内短视频行业的早期布局者，曾经的“冰桶挑战”、秒拍、“小咖秀”等在社交媒体时代风靡一时。微博则开始以扶持创作者、支持 UGC 的形式布局短视频，凭借其优势进入市场。

我国短视频行业产业链上的各环节都发展迅速，出现头部企业并形成相对完善的布局。短视频行业产业链主要包括内容生产端、平台端和衍生服务端。平台端连接产出的内容和用户，能够控制内容分发和流量的分配，大型平台已经实现了较为完善的营销和电商体系。由于短视频去中心化程度较高，网络红人、内容、品牌等多端资源较为分散，给予 MCN、广告投放体系、中介平台较好的发展机会，它们对接品牌及广告代理商、商户等，形成完整的产业生态链条。

短视频行业注重垂直内容的发展。短视频的“垂直发展”一方面契合了分众传播的需求以及市场发展的趋势，另一方面也是各短视频平台进行战略整合、战略布局、战略调整的结果。短视频商业化进一步提速。“短视频＋直播”以短视频直播带货为主要模式，短视频平台走向了全面的商业变现轨道。直播带货成为短视频平台内容新常态。直播不仅是短视频平台发力的重点，也是主流媒体发挥舆论引导的布局重点，主流媒体以“直播＋电商”“直播＋公益”“直播＋助农”等形式，探索深度融合新模式，“直播＋”模式带来的直播媒介化、产业化、泛在化趋势日益凸显。

近两年人工智能的发展也将在未来对短视频行业产生影响。2024 年 2 月 16 日，曾以大模型 ChatGPT 震惊全球的人工智能科技公司 OpenAI 再次祭出革命性新产品：文生视频大模型 Sora。只需输入一段文本指令，即可生成一段 60 秒的视频，画面精致细腻；Sora 的横空出世，让视频领域从业者感受到了危机。以前工期至少得好几天，但 AI 将其缩短到了几分钟。Sora 对影视相关的产业影响比较大，能大幅拉低制作成本，特别是涉及多角度、多机位的视频，如果 AI 能够部分替代人工拍摄和剪辑，成本可能只要原来的十分之一。将 AI 技术用于短视频内容生产与传播已经成为可能。

在短视频行业监管方面，著作权一直是平台监管和引起法律纠纷的重要方面。目前，在立法层面，《著作权法》新增了“视听作品”的类型，《民法典》对网络服务提供者的通知删除规则进行修改与增添，这些立法变化使短视频的著作权保护拥有了更明确的法律基础。

短视频侵权责任承担方面，我国目前采用的是“过错责任”的归责原则，需要当事人做出举证，证明短视频内容平台存在一定的主观过错；对于技术支持平台应该承担的侵权责任，采用“过错推定”原则，要求网络技术平台证明自己在主观意愿上并没有产生过错，否则就需要承担相应的责任。除此之外，我国也对“避风港原则”进行吸收和调整，即发生著作权侵权时，如果网络技术平台只提供空间服务，并没有提供网页制作服务，则需要承担及时删除相关作品的义务，否则就会被视作侵权行为；如果侵权短视频的内容不在网络技术平台上储存，同时也没有告知网络技术平台哪些内容侵权，则平台不需要承担侵权责任。

思考题

1. 请分析新闻客户端的传播特征。
2. 请研读最新的新媒体发展统计报告，分析新闻客户端发展的新特点。
3. 请分析手机短视频迅速发展的原因。

在线自测

扫一扫　练一练

第 6 章　新闻推荐算法

在大数据时代背景下，算法推荐技术通过个性化的信息策展，为信息过载问题提供了一剂良方。有研究者指出，算法已成为个人信息网络中新闻策展的新主体，其基于大数据分析的传播机制，颠覆了传统的新闻生产与分发模式，推动了新闻传播领域的边界拓展。当前，社交分发与算法分发共同引领内容分发的新革命，推荐算法已成为众多新闻聚合平台和社交媒体平台的主流技术。其基本原理是根据用户的年龄、性别、兴趣等个人属性，结合种族、经济、社交等社会特征，以及历史行为数据，构建多维度用户画像，同时综合考量信息产品与用户的地理和技术环境，实现精准的信息适配与新闻分发。

社交分发和算法分发推动了内容分发的革命，特别是个性化新闻推荐流的兴起，推动了智能化社交分发模式的发展，并对媒体的新闻生产标准和社会效应等都产生了广泛的影响。

第 1 节　算法机制嵌入新闻业的影响

在数字化浪潮中，新闻生产关系及运营模式正受到算法这一新型制度机制的显著影响。算法作为一种制度逻辑，不仅映射出新闻业内权力结构的重组，也显现出新闻机构和从业者在新制度背景下的战略调整与行为变化。众多研究集中于分析新闻机构从依赖人工编辑向算法决策转变的组织需求和规范重建，探讨了新闻专业判断向算法导向转变的深层含义，以及这一转变对新闻行业文化和社会产生的广泛影响。

一、把关权力的转移与重构

随着社交媒体和搜索引擎等数字平台的崛起，把关权力逐渐从传统新闻机构转移到算法和用户手中。在 Facebook、Twitter 和微博等平台算法的个性化推荐下，用户能够根据自己的兴趣和社交网络筛选信息。这种模式减少了对于专业编辑的依赖，使得新闻传播更加依附于用户互动和算法排序。

把关权力的转移不仅标志着信息和新闻社会供给方式的根本变化，也对传统媒体的商业模式和控制权提出了挑战。算法嵌入传播过程中，平台媒体及其算法逐渐承担了以往由媒体编辑掌控的把关与议程设置功能，实质上掌握了传播系统中的关键权力。平台依靠其庞大的用户基础和用户黏性，掌握了向受众传递新闻信息的关键通道，使得传统的主流媒体逐步转变为互联网技术公司的内容供应商。在此情况下，尽管社交媒体平台内容的广泛传播为传统媒体带来了更多读者流量，但媒体的广告收入也被互联网技术平台所截留，平台的主导地位和算法调整都可能导致媒体收益受损。换言之，随着个性化推荐在数字新闻分发中占据主导地位，传统新闻业以质量竞争为主的竞争模式和以广告直接补贴为主的商业模式难以维持。

从机构的视角出发，算法机制在新闻机构的整合与分离受到公司政策、产品技术、内容生产与用户结构及专业把关多方面规范影响。新闻个性化不仅仅是技术和商业策略的问题，还涉及新闻机构如何在保持其权威和可靠性的同时，应对数字时代的挑战。新闻媒体机构的传播策略正在走向多元化，并逐步减少了对社交媒体作为受众流量来源的依赖。这些研究强调了新闻媒体组织和社交媒体平台之间不断变化的关系，展示了随着算法变化而发生的分发策略和商业模式的转变。

这种竞争和合作的动态关系，反映了新闻传播领域内权力结构的重构，以及新闻生产和消费市场格局的深刻变革。专业新闻机构不得不重新审视依赖平台的生存模式，并强化自有网站或移动客户端的建设，以重塑新闻内容生产的基础设施，甚至采用与平台类似的算法个性化技术以提升受众规模、增强用户参与度以及增加广告收益。另一方面，个性化推荐新闻的商业模式同时具有市场与意识形态的双重属性，引发了针对数字新闻市场的监管路径革新的探讨。有研究者立足新闻的平台化进程和不断变化的全球媒体格局，讨论了对中国新闻生态系统中平台与社会相互塑造的动态过程，强调了监管在控制平台权力方面的有效性。基于数字新闻市场提供零价格服务的现实，反垄断法评价数字新闻市场竞争需重视“赢家通吃”、消费者隐私保护、新闻多样性与公民权利保护，实现公共性与私利性统一。

二、专业角色的认知与责任

随着算法技术的渗透从新闻分发领域向生产领域扩展，学术界对推荐算法在新闻生产实践中的作用给予了越来越多的关注。算法技术的介入使得新闻内容的生成和推荐更加依赖于自动化的数据分析和用户行为预测。智能算法主导了信息分发，自动化生产被广泛用于新闻写作，实现了从经验判断到实证测量的转变。这种变化迫使新闻从业者不仅要关注内容的真实性、客观性和公共性，还要适应算法技术带来的个性化推荐和商业逻辑。

新闻从业者的专业角色也随之发生了变化。一方面，新闻从业者需要维护新闻专业主义的核心价值，如真实、客观、公正和公共利益；另一方面，他们在算法技术环境下的角色还包括作为“策展人”的角色，负责筛选和推荐内容，满足用户的个性化需求。随着记者和编辑正逐步掌握技术驱动下的新闻分发方法以及运用算法的技能，新闻个性化技术不再仅是满足受众需求的手段，而是成为控制需求的工具。新闻机构开始重视利用这些技术来销售深度内容、培养对严肃新闻的兴趣，并在假新闻泛滥的时代维护新闻的权威性和可信度，而非仅仅追求受众参与和广告销售。这些角色的转变体现了新闻从业者在追求融合“传统”和“创新”的过程中，对新闻专业性的重新认知和实践路径的探索。

算法工程师作为新闻传播领域的新兴主体，其在算法设计和实施过程中的伦理责任认知逐渐受到关注。一些研究基于问卷调查或访谈发现，当前传媒业中的算法工程师在算法伦理方面的认知水平整体处于模糊状态。算法工程师虽然能清晰地认识到诚实、公正等一般伦理原则，但其对于算法透明度、数据隐私保护、避免算法偏见等专业伦理的认知则较为薄弱。由于该职业往往面临着提升个性化服务与保持信息准确性和多样性的挑战，算法工程师更倾向于满足用户需求而非承担社会责任，并秉持“渠道中立”的观念。这些理解恰恰揭示出算法不仅是技术的产物，更是商业考量和内容建设等因素的综合体现。以社会建构论和行动者网络理论视角来看，算法规则在设计之初就被融入了平台的商业考量、内容建设等多样化的异质要素，因而成为一个富有解释弹性的、多义的和流动的存在。

第 2 节　算法推荐逻辑的争议

由于算法的复杂性和可拓展性正逐步影响现实世界的秩序，并可能诱发多种系统性风险，学术界对算法技术在新闻传播领域的风险及伦理争议保持高度关注，尤其是推荐算法带来的“信息茧房”效应、隐私泄露及内生性的算法偏见和歧视问题。算法推荐技术与新闻信息的耦合，更是进一步触及价值理性的深层次问题。多数研究要求对算法技术进行伦理审视，并在实践中寻求平衡，确保技术应用的合理性和公正性。

一、从新闻价值到算法价值

由于新闻内容的生产和分发日益依赖于大数据和推荐技术，新闻价值观遭受到深层次冲击。一些研究者认为，算法推荐的应用改变了由新闻从业者界定的新闻评价体系，导致新闻价值的解构：时效性演变为即时性乃至全时性，显著性与重要性转向个人偏好，接近性趋于情感化，趣味性则趋向娱乐化和猎奇化。甚至衍生出了一套区别于传统新闻价值的判断标准体系——“算法价值”，该体系用于决策内容的选取与排除，并决定了在算法驱动的新闻源中，哪些内容要素得以展现。许多研究者通过实证研究探讨过“算法价值”的构成因素。例如，微博“热搜”算法价值的四个要素为时新性、流行性、互动性和导向正确。

一些研究将视野聚焦于新闻价值与算法价值错位的批判性后果。有研究者提出，算法被媒介技术发展与市场化需求赋予“中立”“客观”“公正”的标签和权威合法性，通过量化用户的行为使其从传播主体沦为技术的客体。一方面，算法推荐表面上呈现多样资讯，实质上则套用数字化、标准化公式和加权系数，限制个体行为于看似客观的数据计量中，体现出“同一化”的技术内核；另一方面，基于统计而非理解的信息选择提高了获取效率，但也难以准确判断信息质量与价值，因而可能造成信息失衡、歧视，成为偏见和劣质信息传播的放大器。在此情况下，传统新闻从业者强调的价值理性与当前推荐系统体现出的技术理性产生错位，可能导致传统新闻价值观的异化和公共性的缺失。

新近的研究重点关注新闻自动化实践下新闻业意识形态与日益增长的商业压力之间的张力。有研究认为，新闻公共性的根本在于服务社会，但在算法主导的背景下，信息控制权集中于少数技术巨头，新闻的公共性面临严峻挑战。广告商根据受众规模选择广告投放平台，推动算法推荐机制走向“唯受众论”以实现流量最大化。算法推荐下的公共议题传播面临着过度迎合用户娱乐和本能需求、商业资本的监视、规训和操纵等问题。面对被技术垄断的个性化新闻推荐，有必要建构一个面向新闻公共性修复与提升的社会性规制体系，以保障公共新闻的供给并促进新闻质量的提升。个性化新闻推荐系统也可以通过价值敏感的算法设计，结合编辑输入，引导用户查看多样性和偶然性内容，从而更好地服务于公共利益。

二、从“信息茧房”到“破茧而出”

在商业利益的驱动和平台的权力日益膨胀下，算法推荐新闻以点击量为核心的内容分发以及基于用户的历史行为进行推荐，存在窄化信息环境的风险。众多学者都曾关注信息同质化对用户认知多样性的潜在负面影响，担忧个体长期接触单一信息源可能导致“信息茧房”“回音室”“过滤气泡”等效应，从而削弱了对于公共议题的关注乃至加剧社会共识的消弭。

近年来的一个明显现象是，越来越多追踪用户在线行为的实证研究提供了相反的结论。首先，社交媒体、搜索引擎和聚合平台相比于直接访问新闻网站，能够让用户接触到更多样化的新闻内容，且相较完全自主选择新闻，使用适当的算法推荐更可能接触到跨政治立场的新闻来源。其次，新闻推荐流的主要内容来源依然被头部专业媒体所垄断。谷歌新闻的个性化推荐无论是显式的还是隐式的，均不会显著减少新闻内容和来源的多样性，无法支持“过滤气泡”假说，甚至谷歌新闻倾向于过度推荐部分媒体，而忽视其他经常被用户访问的媒体。检验跨平台茧房效应的研究也在增多。有研究者针对用户在Google、YouTube、Facebook和Twitter平台上的众包审计结果发现，跨平台搜索结果具有高度同质性，即算法推荐系统会使得信息暴露均匀化，而不是产生过滤气泡。国内也有研究采用日志法追踪大学生群体的多媒介接触行为，并运用词移距离测量用户接触的信息之间的语义距离发现，用户的跨媒体平台接触行为能够在一定程度上促进信息接收的多元化。

然而，有一些更为复杂的结论表明，算法推荐系统与内容多样性的联系随时间变化。尽管算法推荐系统在短期内能够提供更多的新闻内容选择，但长期依赖算法推荐的新闻消费可能会导致用户接触内容的多样性下降且新闻观点与自身观点的一致性提高。

一些国外的研究通过大规模的随机实验和详细的分析，提供了关于社交媒体的新闻推荐算法如何影响政治内容可见性的定量证据，并指出算法放大效应在不同政治倾向的新闻源和政治团体之间并不均匀分布。例如，有研究指出，Facebook上的新闻推荐算法可能会限制用户接触到与自己政治立场相反的新闻内容，从而增加政治极化的风险。Twitter上的新闻推荐算法可能会对政治内容产生放大效应，而且这种放大效应在不同政治倾向的新闻源之间存在差异，主流右翼政党的新闻相对获得了更多的曝光。有研究指出，在2020年选举期间，Facebook上的新闻推荐算法加剧了政治新闻消费中的意识形态隔离，算法放大效应使得政治右派用户的新闻消费模式更加同质化，且使得低质量出版商获得了更高比例的受众流量。

研究者发现，社交媒体平台的新闻推荐算法对用户的信息消费模式有着不同的影响，不同平台的推荐算法在网络结构和信息传播偏见方面存在显著差异，尤其是允许用户调整其信息流算法的平台与不允许此类调整的平台之间存在明显区别。例如，有研究者通过对Facebook和Reddit上的新闻消费进行直接比较，发现Facebook上的用户更可能被限制在一个观点单一的信息环境中。尽管用户对Reddit和Facebook使用频率的增加可以加强新闻来源多样性，但Facebook推荐新闻来源可能更倾向于他们已有的政治立场，同时也有平台如Twitter的使用频率对于信息来源多样性或新闻消费倾向的变化影响不大。

也有部分研究通过实验探索影响新闻推荐结果多样性和潜在后果的因素。例如有研究者通过对比分析推荐模式平台和非推荐模式平台发现，新闻推荐算法并不必然导致“信息茧房”效应，高自由度的推荐算法比起无推荐模式更能降低新闻消费的同质性。也有研究者着眼于情感因素，指出未平衡内容情绪的新闻推荐系统更容易导致用户的意识形态极化，且该效应会随着交互时间的增长而不断强化。这些研究结果对理解社交媒体如何通过新闻推荐算法影响用户的信息消费模式并塑造公共对话提供了新的见解，并强调了需要更细致和多维度的视角来研究社交媒体对信息消费的影响。

在新闻推荐算法引发的媒介伦理争议中，算法通常被视为一个单一的实体，并被认为是一种不可改变的外部力量。实际上却存在多种推荐算法，并且它们的效果取决于具体的设计。“过滤气泡”的担忧可能被夸大了，但这并不意味着算法推荐不会带来其他负面影响，如信息质量下降、群体极化等。未来的研究需要继续探索如何优化算法推荐技术，以减少其潜在的负面影响，同时保留其在提高信息流通效率方面的积极作用。

三、从新闻透明到算法透明

对透明度的引入和反思一直是近几年新闻推荐算法研究的重要话题。有研究者将算法透明（algorithmic transparency）看作新闻透明性在当下新闻传播实践中的理念延展，因为当前新闻的价值衍变和透明性主要取决于网络平台的把关标准和内容推广策略。也有研究者将算法透明度视作算法风险治理的必然路径，例如关于“过滤气泡”的研究结论强调了平台在算法变化方面的透明度对于维护新闻多样性的重要性，以及算法可能会因为政治内嵌、资本介入以及社会结构性偏见的循环而产生内生性偏见，具有被制衡并规范的必要。此外，提供对算法决策过程的可见性和可知性，以增强公众对新闻分发机制的理解和信任。用户对新闻推荐系统的透明度和控制权有着强烈的需求，这与他们的新闻阅读习惯密切相关。因此，有关算法透明的讨论受到记者重塑职业权威、技术治理，以及认识论上事实与逻辑融合的推动。

有研究提出了提高透明度的方法，提升了透明度原则的可操作性。有研究者通过对算法新闻的案例研究和通过焦点小组讨论，从数据、模型、推理、接口四个角度总结了算法系统中可以被披露的因素有信息质量、取样方法、变量特征及权重、错误分析等，从而增强算法透明度。也有研究提出如逐步拆解、逆向工程学和可理解的透明度。基于“开放伦理”的理念，发挥专业共同体之外的主体如监管机构、用户在建构算法透明伦理话语中的作用，以及确保算法相关信息及其生成过程的公开。

尽管算法透明这一理念在增强公众信任方面具有潜在优势，但实践中仍存在商业保密和成本问题带来的挑战，且在技术实施和道德规范方面缺乏统一标准和共识。有研究者批判了算法透明原则的局限性，指出仅公开算法系统的内部信息无法改变权力关系，透明度也可能被滥用或无法产生实质效果，因此还有必要披露异质主体形成的“行动者网络”是如何发挥作用的。也有研究者认为指出算法透明既不可行也非必要，而是主张以实用主义为导向、以算法问责为代表的事后规制策略。换言之，算法透明度并非智媒治理的充要条件，而是需要负责任地加以善用的工具。算法透明度的使用取决于透明度目标、对象及方式，并需要理性评估其风险和局限。

近年来，随着相关研究中实证视角的增多，对新闻推荐算法透明度的批判走向深入，算法透明的理念与实践体现出较大张力。有研究者通过田野观察和深度访谈发现，新闻透明性原则在算法新闻分发平台的实践中面临诸多障碍，如“平台的组织架构和物理空间带来了天然挑战”，“人-技混合体”的复杂性构成实际的“黑箱”及“使用者在算法的影响下也逐渐被数据化”等。对于用户而言，一项跨国调查研究显示，透明度和控制的需求在不同国家的用户中具有普遍性，其中，对数据收集和算法有更高认知的用户更渴望新闻推荐系统增强透明度。也有文章探讨了新闻编辑室中的算法透明实践。如《华盛顿邮报》的案例研究表明，尽管该报在外部通过开源代码和发布方法论等措施增强了算法透明度，但内部的新闻团队对算法技术细节理解不足，从而增加了新闻报道失误的风险。

鉴于“透明度”作为社会和行业共识仍能发挥一定的规范作用，也有一些文献开展了如何推动贯彻透明度的探索性研究。有研究通过让用户参与设计过程和原型评估，探讨了如何将隐私和透明度要求转化为算法新闻推荐系统的设想。研究者们对于落实算法透明的路径仍未达成共识。在技术不确定性下，新闻透明原则作为算法推荐新闻伦理风险的法律规制仍应被坚持。提高新闻推荐算法的透明度是一个需要多方努力的复杂任务。它不仅涉及技术上的挑战，如如何设计既公平又可解释的算法，还包括法律、伦理和社会信任等方面的问题。

第 3 节　算法环境下的用户

在新闻平台互动生态的研究中，对于用户一方关注的增多也呈现出显著的趋势。算法环境下的受众研究即从用户的角度出发，探讨了其对新闻算法的认知与态度，新闻消费行为及其效应的演变，以及在适应算法过程中采取的策略和情感实践的复杂性，尤其是对于用户如何运用及驾驭新闻推荐算法突破了传统关于“信息茧房”效应的研究取向，为理解算法对新闻传播受众群体的影响提供了更为深入的学术解读。

一、新闻算法认知与态度研究

在新闻推荐算法的研究领域，用户的算法素养及其对算法的感知和理解受到广泛关注。一些研究发现，尽管用户在使用新闻推荐平台时可能已经具备一定的算法知识，但他们对于算法如何推荐新闻的认知并不总是准确的。例如，一些用户可能错误地认为，他们接触到的新闻是由专业编辑而非算法筛选的。认知差异在不同用户群体中表现尤为明显，城市居民、受过高等教育的用户以及媒介素养较高的人群对算法的运作规则和潜在风险有着更深刻的理解。用户对算法的感知和理解也体现出与使用情境的关联，如年轻人在算法未能满足预期或平台提供明确提示时更易激发对算法的关注。

在用户态度方面，多样化新闻推荐算法能够保持用户的满意度，并可能提升用户对对立观点的容忍度。用户对新闻推荐算法的信任度受到他们对新闻来源的传统认知的影响，部分人群更倾向于信任经过记者筛选的新闻，而不是完全由算法推荐的新闻。

然而，新闻推荐策略的感知效果受到用户使用情境多样性的影响。对于多情境使用者来说，内容多样性策略可能更能满足他们的需求，而基于位置的推荐方法可能引发用户对隐私的担忧，并降低用户的满意度和参与意愿。也有研究考察了用户对于新闻算法的依赖，并将其对隐私的担忧与“新闻找到我（news finds me）”的感知联系起来。年轻人对算法新闻感到满意，但同时他们对隐私泄露的担忧也更强，这种对算法新闻推送的复杂感受可能源于他们在获取信息时对算法的依赖。

二、新闻消费行为与效果

对于新闻受众的实证研究揭示了用户更偏爱接收与个人兴趣相符的新闻推荐，而非多样化的内容，这种偏好反映了用户在面对信息过载时的自然倾向。新闻推荐个性化的价值不仅取决于推荐内容的深度与多样性，还与年龄、受教育程度等用户特征及新闻接触习惯息息相关。最具代表性的是硬新闻和软新闻的划分。当热点事件发生时，偏好消费软新闻的用户更容易参与到热点事件的讨论中，性别和年龄也影响用户的信息茧房效应。

一些研究将用户作为积极主动的个体，探讨了不同行为模式与信息茧房效应之间的复杂关系。新闻推荐类 App 的普及可能促进了用户对社会和政治议题的讨论和参与，并且用户的满意度对其参与意愿产生了正向影响。有研究通过分析用户对不同新闻主题的阅读序列，揭示了持续型和游走型新闻消费模式与信息茧房效应的关联。“新闻找到我”的观念可能培养对算法新闻把关的积极态度，但在某些情况下也可能促进社交媒体中同质化信息和“过滤气泡”的形成。

近年来的研究开始关注用户的多平台使用与流行信息跨平台传播现象之间的张力，并提出信息茧房效应可能被高估了。算法型新闻应用的频繁使用并未限制用户接触媒介的多样性，用户依然会通过多种媒体渠道获取资讯。既对政治不感兴趣，又不使用多种媒体的用户更有可能陷入回音室。相比之下，那些对政治感兴趣、又使用了多种媒体的用户，不太容易困入信息茧房。尽管媒体平台的快速发展和热点事件的即时更新可能导致社会信息多样性的降低，从而使用户更容易接触到单一观点，但也有研究者追踪了用户的多媒介接触行为并测算了信息之间的语义距离发现，在多种媒体平台上的接触行为对信息茧房效应具有一定的削弱作用，尤其是偏好硬新闻的用户更可能接触到多样化的信息。

三、算法调适策略与情感实践

在新闻推荐平台的使用过程中，用户往往呈现较为被动的接受态度，而不是积极地与推荐系统进行互动或调整算法。这种现象在所谓的“阴暗刷屏”中表现得尤为明显，用户在新闻推荐流中不断消费负面新闻，导致情绪低落和心理状态恶化。一些用户可能会因此表现出“新闻回避”，或转向寻求更简洁、精准、平和、深度的信息源，以避免持续的负面信息对他们心理造成的负担。

新闻推荐算法的研究不仅展示了技术变革对新闻传播实践的深刻影响，也强调了媒介伦理和受众行为研究的重要性。未来研究应持续深化对算法技术影响的理解，寻求在技术发展与伦理责任之间找到平衡点，并加强对受众在算法环境中行为模式的分析，以推动新闻传播领域的持续健康发展。

第 4 节　新闻推荐算法存在的问题与发展方向

目前新闻推荐算法仍存在着较多的问题，这些问题产生的原因各不相同。

一、内容不符合用户兴趣

个性化推荐算法并不一定能把符合用户兴趣的内容推荐给用户。造成这个现象的原因有很多。

从数据质量角度看，个性化推荐对数据的数量和质量要求是比较高的，如果一个用户没有什么有质量的数据，个性化推荐就远远不如热门推荐的效果。多数新闻资讯类应用要面临大量的新增用户，这些新用户的历史阅读记录是空白的，因此对他们进行个性化推荐的效果是很差的。这个问题又被称为“冷启动”问题，是大多数个性化推荐系统所面临的共同问题。

从目前自然语言处理的局限看，个性化推荐系统无法对文章内容做深入理解。目前的自然语言处理其实只能从其特有的高频关键词层面进行标签的相似度匹配，这样产生的肤浅层面的话题只是标签推荐而已，而不是更深层次的与用户气质、性格、生活方式相匹配的推荐。计算机只能帮助我们快速完成简单重复的工作，很难更深层次地满足新闻资讯阅读中的一些细腻心理需要。例如，某用户看了一篇讲迈克尔·杰克逊葬礼的新闻，其中包含了大量与丧葬相关的特有词语，推荐系统会因为这些丧葬特有词语向他推荐其他有关丧葬的新闻。但是，他实际上是一个迈克尔·杰克逊的粉丝，关注的点是该明星，而非葬礼这个主题。

协同过滤算法本身的缺陷，也造成了一些个性化推荐算法的推荐内容不符合用户兴趣。一个经典的例子是娱乐新闻。由于娱乐新闻往往很受欢迎，因此用户在协同过滤中的近邻群体往往多少都阅读一些娱乐新闻，但是这个用户本身可能从来不读娱乐新闻，如果强行推给他会造成他的反感。这也是目前今日头条等应用的推荐算法所出现的一个比较大的问题。

在当前的算法中，虽然使用了所谓的协同过滤，但得出的是完全基于数据计算出来的相似群体，而不是用户实际的社交关系。而资讯消费本身其实是具有一定社交性和话题性的，人们很多时候看新闻是为了能够和社群中的其他人知道一样的事情，这样才有话题交流。个性化推荐具有一定的优势，而如果能够与用户已有的社交关系结合在一起，就能向用户作出更好的推荐。

二、内容质量问题

纯粹的个性化推荐系统对文章的质量和内容是没有把关的。算法所做的事，只是对文章中所含的特征关键词进行提取。算法并不知道这篇文章到底写作水平如何，内容是否健康，更不用说对其进行选择了。算法能做的事，仅仅是把关键词与用户的兴趣进行匹配。一篇文章里哪怕没有任何有意义的内容，只是一堆用户可能感兴趣的词语的堆砌，这篇文章仍然会被算法推送给用户。

网络上很多文章文不对题、内容空洞，只是蹭热点打擦边球，却被算法推荐到了成千上万用户的手机屏幕上，获得了阅读量。这对用户来说是一种欺骗，同时也大大伤害了内容产业创作高质量内容的热情，产生了不良的引导作用。

由于算法本身是对用户特征和文本数据进行匹配，因此越是相似的结果往往越被优先推荐。这就导致内容的重复。很多时候，当一则新闻发生的时候，各家媒体或者自媒体所发出的资讯内容本质上是一致的，区别的可能只是表述而已。这就导致用户总是看到本质上一模一样的文章。也许存在着某些用户，喜欢从不同的来源看同一个事件，但是更大多数的用户只是知道一件事就够了，他们并不想反复地读同样的内容。

三、信息茧房与信息成瘾

个性化推荐系统根据用户已有的阅读偏好来进行关键字匹配和推荐，很大程度上会将高度相关的内容推荐给用户，而相似性较低的内容基本上不会被推荐给用户，这样用户的阅读内容会变得狭隘。用户在一次又一次阅读自己喜欢领域的信息后，不断地在自己与整个世界之间筑起高墙。

这样的拟态环境使许多人沉湎其中，无法自拔。用户每多花一分钟个人时间在阅读这些垃圾信息上，就减少了一分钟可能用在学习、工作、睡眠，或者陪伴家人、参与有意义的社交互动的时间。

信息成瘾问题与信息茧房问题是一个硬币的两面。今日头条在被用户使用的过程中，由于其算法不断贴合用户当前想看的东西，使得用户的欲望不断地被满足，这就形成了一个正向反馈，用户在心理上往往会形成一种依赖。我们常常有这种体验，就是打开个性化推荐类的应用，然后不断地下拉，不知不觉半个小时就过去了。这样的结果确实是某些互联网公司所期望看到的，他们运用各种先进手段，大数据也好，高并发分布式后台也好，机器学习也好，就是为了尽可能地让用户在其平台多停留哪怕一秒钟。无论是内容上、算法上，还是交互设计上，都尽可能去降低门槛，让用户能够越来越容易、越来越没有代价地接触到信息，而且这些信息在很大程度上就是刺激感官的垃圾信息。这样，由最顶尖的算法工程师和研发工程师，结合最懂人心理的产品经理的设计，构建出了一个精妙绝伦的“拟态环境”。这个“拟态环境”有着海量数据和超高算力，能够不断向用户推送那些直击人性弱点的信息，从文字到图片乃至小视频，让你很难离开它。

四、可遗忘性

个性化推荐算法“记住”了用户看过的文章和相应的喜好，但是对于用户来说，这种记住并不一定是好事。有时候，用户存在着让算法忘记他过去的喜好的需求。例如，某段时间由于想去东南亚旅游，因此浏览了很多与东南亚相关的资讯。但是过了一个月之后，也许用户的假期已经过去，或者是已经去过东南亚了，这时候用户并不想再看到和东南亚有关的资讯。用户的这种遗忘需求目前往往被推荐系统开发人员所忽视。

如果用户曾将手机借给其他人使用，保存了他人的浏览历史和喜好，个性化推荐算法根据这些进行的推荐对于现在的用户来说也是无意义的。

五、版权

算法只负责推荐，并不知道文章本身是谁写的，是不是抄袭的。事实上，有很多企业的推荐系统所推荐的文章的数据都是用爬虫爬取其他网页的，换句话说是未经授权的窃取。企业方面的考虑往往一方面是内容的成本，另一方面是时间成本，如果先获得同意才上线内容，那么时间成本也难以负担，很可能在等待的时间中用户已经流失了。

六、推荐算法的发展方向

传统的推荐算法范式本质上就是热门推荐补充以关键词匹配。这种推荐方法容易解释清楚为什么一篇文本会被推荐到某个用户的屏幕上，但是它的局限性也比较大。目前，以深度学习为代表的人工神经网络方法在图像识别、声音识别领域取得了巨大成就，人工神经网络方法如 CNN、RNN、DNN 正在被许多研究者尝试运用到计算机科学和工程的其他领域，推荐系统自然也是一个重要的应用方向。

运用以人工神经网络为代表的新的算法范式，对于解决推荐系统许多难以解决的老问题很可能会有非常好的效果。与此同时，神经网络犹如一个黑盒子，为什么一篇文章会被推荐给这个用户的真正原因，往往被成千上万个神经元计算节点以及彼此之间复杂的连接所掩盖。这可能是日后它被运用到推荐系统上并进行持续优化时面临的一个主要障碍。

针对很多新用户没有任何数据沉淀，从而算法难以对其进行有效推荐的问题，可以用获取用户其他平台信息、获取用户当前手机已经安装的软件信息，以及引导用户进行口味选择这三种方法来解决。

可以考虑给予优质内容生产者所发布的文章和视频更高的推荐权重，使其更容易被用户接触到，并且进行合理的广告收入分成，让优质内容能够实现不断循环再生产。另外，应当加强内容的审核。可以有针对性地开发一套机器学习系统，根据文本关键词特征识别出低俗内容，并以人工审核作为辅助，把住内容的底线。值得说明的是，现在今日头条等企业已经注意引入人工审核，对内容进行把关，试图遏止低俗内容的蔓延。

可以利用机器学习技术建立一套反作弊、反低俗以及检测谩骂和政治敏感内容的系统。反作弊系统建立的目的就是解决文不对题、蹭热度（单纯充满关键词而无实际有用内容的文章）以及其他作弊问题。反作弊系统目前主要有两种，一种是预先设置策略和规则的，另一种则是不预先设置规则，而是通过机器学习来学到判断规则。前者的设计依赖经验和对现实作弊案例的总结，对遇到的案例进行归纳，人为地设计一些规则；后者则强调输入数据的特征和标签，由机器进行监督学习（supervised learning），从而让算法获得一套参数值，进而判别作弊和非作弊。反作弊系统往往要借助大数据计算框架，比如流行的 Hadoop MapReduce 和 Spark，从而实现大规模数据的判别。

反低俗系统与此类似。低俗内容主要是过度裸露、色情图片和文字等，可以通过现在已经比较成熟的图像识别方法来实现判别。

至于检测谩骂和政治敏感内容，一般用得较多的是贝叶斯方法，同时往往还需要导入一些关键词库，计算出一篇文章包含谩骂或者政治敏感内容的概率有多大，概率较大的直接拒绝。

如果说搜索引擎在是否允许用户有被遗忘的权利（right to be forgotten）上因为言论自由和公共利益的考量而权衡再三，那么推荐系统由于并没有这些方面需要担心，应当果断地加入以下功能，从而改善用户的体验：

算法的可遗忘性问题，只要通过加入一个允许用户重置他们的用户画像的功能，即可圆满解决。这个重置功能的实现，简单地说，可以考虑当用户确认后，直接把用户画像中的数据删除，将其视为一个新用户来做推荐。如果考虑得更精细一些，则应当是删除过去的用户画像后，让用户重新做一次选择，让他指明感兴趣的话题，这样在重置用户画像后不至于没有数据可以参考。同时，政府也应当立法，要求互联网企业本着对用户负责的心态，将这个功能加入应用中，正如允许用户注销的功能也是在政府要求后才普遍被加入应用中的。

即使自动化内容审核系统已经做得比较先进，仍然需要一套人工审核系统来完成最后放行。内容行业在法律和行政上多是受到强监管的，如果内容上涉及色情低俗或者有其他违反法规的行为发生，对企业的声誉和经济利益造成的损失将是十分巨大的，因此人工审核仍然是必要的。

政府要通过立法规范监管，鼓励优质主旋律内容的生产和传播。政府机构应当发挥作用，对市场调节失灵的情况进行合理的干预，让信息流消费市场不至于沦为低质量内容循环生产的垃圾堆。

第 5 节　案例分析

在当今互联网巨头林立的时代，字节跳动公司无疑是一股清新的力量。在百度、阿里和腾讯这三座大山的“包围”下，字节跳动不仅成功地脱颖而出，而且估值达到了惊人的 1.48 万亿元。这个年轻的互联网巨头是如何实现突围的呢?

首先，字节跳动拥有一套先进的算法，这是该公司能够迎合用户喜好的关键。这套算法可以根据用户的浏览历史、兴趣偏好、使用行为等数据，精准地推荐打开率高的视频内容。在信息过载的今天，这种个性化推荐的方式犹如用户心中的蛔虫，满足了人们寻找自己感兴趣内容的需求。

这种算法基于大数据、机器学习的智能分发工具，能够根据用户的反馈做出个性化推荐。通过个性化信息推荐引擎的方式解决信息分发效率的问题，“让信息找人”是今日头条最基础的战略定位。今日头条在 2013 年秋季就建立了个性化推荐信息流广告模式。这种高效率的商业变现能力正是许多互联网创业公司的短板。

门户时代的互联网广告常常干扰用户阅读，比如网页上飘着 Banner、闪动的广告图片等，今日头条的广告模式则较好地平衡了商业变现与用户体验。字节跳动认为广告本身也是信息，根据用户的兴趣在信息流中插入广告，对用户体验影响较小，广告效果也会更好。

广告分发自动化。考虑到用户偏好不同，同一个广告，今日头条可能会做几十版素材。系统会根据用户阅读记录、点赞、收藏行为形成兴趣标签，并根据用户偏好进行不同的推送。

广告信息视频化。在今日头条平台上，用户观看短视频量呈现非常快速的增长。观测到这种趋势的今日头条，最晚自 2016 年一季度起，在广告运营中增加了视频选项。

其次，这个时代是短视频和直播带货的时代。字节跳动敏锐地捕捉到了这一趋势，并成功地适应了这一变化。抖音等产品不仅在视频质量、用户体验等方面有优秀的表现，还通过直播带货等功能实现了商业模式的多元化。这些创新不仅赢得了年轻用户的喜爱，也帮助字节跳动在竞争激烈的市场中立足。

2016 年 4 月、5 月、9 月，字节跳动相继推出几款独立的短视频 App：火山小视频、头条视频（分拆自今日头条 App，2017 年 6 月改称“西瓜视频”）、A. me（2016 年 12 月正式改名“抖音”）。其中，西瓜视频涵盖各种类型的长视频和短视频，火山小视频主打接地气内容风格的短视频，抖音则是一款专注于年轻人的创意音乐短视频产品，用户通过自主拍摄+DIY 音乐的形式，创作出 15 秒的精致内容，并分享给社群中的其他用户。抖音重点运营健身、旅行、音乐、舞蹈、绘画、美妆等有关美好生活的内容，形成时尚、有趣的标签定位，与竞争对手形成差异化风格。

抖音商业模式的核心是一个围绕 5%的头部用户和 MCN 机构的中心化网络，在这个网络中，抖音的算法系统发挥监控和内容分发的作用，而其余 95%的普通用户才是流量变现的基础。

抖音等产品的定位和内容也起到了至关重要的作用。这些产品不仅仅是一款娱乐工具，更是一种生活方式。通过短视频的形式，人们可以分享自己的生活、获取资讯、学习知识等。而直播带货则为用户提供了购买优质商品的渠道，同时也为网红、明星提供了展示自己影响力的平台。这些多元化的功能使得抖音等产品成为人们生活中不可或缺的一部分。

作为字节跳动最成功的全球化产品，TikTok 在全球范围内引领了短视频产品的风潮，甚至挑战了 Facebook 在社交网络方面的霸主地位。

字节跳动的成功源于其先进的算法、对市场趋势的敏锐洞察力及多元化的商业模式。在未来的发展中，字节跳动将继续面对激烈的市场竞争和不断变化的市场环境。然而，这家年轻的公司已经展示出了强大的适应能力和创新能力，我们有理由相信，字节跳动将继续保持其在市场中的领先地位，并为互联网行业带来更多的惊喜。

思考题

1. 请分析新闻推荐算法的传播特征。
2. 请研读最新的新媒体发展统计报告，分析新闻推荐算法存在的问题。
3. 请分析手机短视频迅速发展的原因。
4. 请结合案例分析信息茧房理论。

在线自测

扫一扫　练一练

第 7 章　手机媒体引发的问题

手机本是移动通信工具，但现在日益成为大众媒体，迅速地改变着社会的传播格局，重塑着人们传播信息的习惯。它促进社会的传播和互动，带给人们从来没有过的传递信息的便捷和自由。作为新生事物的手机媒体，有着比其他媒体相对的优越性；但它在发展过程中难免存在不足，产生许多不容忽视的负面影响。尤其是，无限丰富多样的信息被不加控制地传播，易造成信息传播的污染，导致传播生态环境的恶化。

第 1 节　手机传播带来国家安全问题

手机通信是一个开放的电子通信系统，只要有相应的接收设备，就能够截获任何时间、任何地点、任何人的通话信息。

即使在待机状态，手机也与通信网络保持不间断的信号交换，此时产生的电磁波谱很容易利用侦查监视技术发现、识别、侦察和跟踪目标，并对目标进行定位，从中获得有价值的情报。

即使关闭手机，持有特殊仪器的专家仍可遥控打开手机的话筒，实施监听。因此，使用者只要将手机放在身边，就毫无保密可言。在手机制造过程中就在芯片中植入接收和发送功能，这种手机即使关机，但只要有电池，机内的接收装置就能将话音信息接收到，并可随时发送出去，通过地球同步卫星上的中继站，将信息传递到某处地面处理系统。作为用户，在必要时应将手机中的电池取出，彻底断绝手机的电源，或将手机放在远离谈话场所的地方，避免被窃听。

在一些发达国家的情报部门、军方和重要政府部门，都禁止在办公场所使用移动电话，即使是关闭的手机也不允许带入。

我国是手机用户最多的国家，如果对手机的双刃剑效应没有充分的认识，那么国防信息、经济信息和科技信息的安全性将存在严重隐患。

在俄罗斯的车臣战争期间，俄空军利用电子侦察手段，发现了当时车臣分裂主义头子杜耶达夫的踪迹，并轻而易举地将其消灭。1996 年 4 月 22 日凌晨 4:00，俄罗斯空军运用 A-50 预警机截获了杜耶达夫与他人的手机通信，并在全球定位系统的帮助下，准确地测出了杜耶达夫所在位置的坐标。几分钟之后，俄罗斯空军“苏-25”攻击机在距目标 40 千米的地方发射了两枚“DAB-1200”反辐射导弹，导弹循着电磁波方向击中了杜耶达夫正在通话的小楼，将其炸得血肉横飞。

2002 年 3 月，恐怖主义头子本 · 拉登的得力助手、“基地”组织的二号人物阿布 · 祖巴耶达赫也是因为使用手机暴露了藏身之地而落网。

手机已经成现代战争的新武器。未经加密的电话就像发出的烟雾信号一样，敌人甚至不需要在附近就能发现，所有的信息都能在背后跟踪获知。俄乌冲突中，乌方多次追踪敌方手机获取关键信息。在 2022 年 3 月争夺南部城镇沃兹内森斯克的战斗中，乌克兰志愿者使用 Viber 社交应用程序发送俄罗斯坦克的坐标，并指引乌军火炮攻击俄军。

智能手机作为现代人生活中不可缺少的通信工具，已经成为我们日常生活的必备品。然而，随着科技的进步，智能手机也成为信息泄露的一条重要途径。智能手机中存储的个人信息和敏感数据，往往会成为黑客和间谍机构的攻击目标。因此，我们在使用智能手机时，需要增强安全意识，避免将手机带入涉密场所，避免传递敏感内容，以免造成失泄密隐患。

智能手机作为一个移动互联网终端，其所涵盖的功能和应用非常丰富。然而，正是因为其功能的多样性，也给我们带来了更多的风险。一旦我们的智能手机遭受到网络攻击，那么存储在手机内的重要信息数据就有可能被窃取，甚至我们的手机可能会变成移动的“窃听器”，将周边的声音和图像持续地录制并向外传输。因此，我们在使用智能手机时，需要时刻保持警惕，避免下载和使用未经认证的应用程序，以免给黑客留下入侵的机会。人工智能在促进社会发展进步的同时，也伴随着一些风险隐患。个人数据过度采集、大数据挖掘分析、深度伪造技术滥用等，都可能威胁传统和非传统领域国家安全。

第 2 节　手机拍摄功能引发隐私权侵犯问题

“隐私权”概念起源于 1890 年第 4 期《哈佛法律评论》中的《论隐私权》一文。

从 2021 年 1 月 1 日起正式施行的《中华人民共和国民法典》格外注重对网络民事权利的保护，回应了个人信息保护的现实需求，首次将个人数据、网络虚拟财产等纳入保护范围。

2022 年 7 月 21 日，国家互联网信息办公室依据《网络安全法》《数据安全法》《个人信息保护法》《行政处罚法》等法律法规，对滴滴全球股份有限公司处人民币 80.26 亿元罚款，对滴滴全球股份有限公司董事长兼 CEO 程维、总裁柳青各处人民币 100 万元罚款。

滴滴主要有这些违规违法行为：一是违法收集用户手机相册中的截图信息 1 196.39 万条；二是过度收集用户剪切板信息、应用列表信息 83.23 亿条；三是过度收集乘客人脸识别信息 1.07 亿条、年龄段信息 5 350.92 万条、职业信息 1 633.56 万条、亲情关系信息 138.29 万条、“家”和“公司”打车地址信息 1.53 亿条；四是过度收集乘客评价代驾服务时、App 后台运行时、手机连接桔视记录仪设备时的精准位置（经纬度）信息 1.67 亿条；五是过度收集司机学历信息 14.29 万条，以明文形式存储司机身份证号信息 5 780.26 万条；六是在未明确告知乘客情况下分析乘客出行意图信息 539.76 亿条、常驻城市信息 15.38 亿条、异地商务/异地旅游信息 3.04 亿条；七是在乘客使用顺风车服务时频繁索取无关的“电话权限”；八是未准确、清晰说明用户设备信息等 19 项个人信息处理目的。

手机引发的侵犯隐私权问题，首先是偷拍。科技本身就是一把双刃剑。个人在享受科技成果的同时，不能对社会利益和他人利益造成损害。在有些人利用科学技术损害社会和他人利益的情况下，国家的法律法规要及时调整。

手机功能多样化，拍摄功能让人担忧。录音功能更是恐怖，以前偷录人家谈话，还得用录音机，再小巧也会让人觉察，用手机则对方不会怀疑，许多人忽略了它的录音功能，双方通话，只要按几个钮就能录下谈话。日常闲聊，也能用手机神不知鬼不觉地录下他人的诽谤性或政治不正确言论。第三代手机时代，甚至连表情影像也能收录。

使用别人送你的手机可得留神，有些手机是改装了的，另一方可以远程遥控开启你的手机。商业上也能利用这类手机探知情报。手机等掌上器材越是先进、功能多样，妙处越多，所含的隐私也越多，小心看管，方为上策。

对可拍照手机侵犯隐私权或窃取机密的控制，实际上是针对有关传播者自律和他律的问题。侵犯隐私权并不是拍照手机的错，而是使用者的错。因此，应该对使用者在他律上进行有效限制和约束。一些国家已意识到这一问题的严重性，正在限制这种“隐蔽照相机”的使用范围。在日本，健身房、全国性政府机关等场合不允许使用可拍照手机；在英国，健身中心和脱衣舞厅的顾客不能携带可拍照手机入内；在意大利，政府已经作出规定，限制可拍照手机在健身中心等很多场合的使用；在澳洲，政治家们正在游说通过一项禁止把可拍照手机带入校园的新法案；中东的很多国家都在准备立法限制这种手机的使用。而在美国，由于频频出现摄像手机曝光隐私之事，芝加哥市专门就限制使用可拍照手机进行了投票表决。结果，方方面面已达成共识：在公共浴池和淋浴间，未征得当事人允许，禁止对其进行拍照，对违反规定的人处以罚款。我国可以参照相关国家的经验，及时出台相关规定。

不仅公众人物的隐私受到手机侵害，普通人也感受到了它的威胁。可拍照手机的快速普及，使它们同针孔相机及针孔摄影机一样，对人类社会的隐私权构成了极大冲击。在拥挤的公共汽车上、购物中心的试衣间和游泳池的更衣室等一些公共场所，个人的隐私权屡屡被侵害。如今，网上流行着很多在公共场合偷拍的图片。拍摄地点遍及健身房、餐馆、街道，甚至是卫生间。一些国家已意识到这一问题的严重性，正在限制这种“隐蔽照相机”的使用范围。

近几年来，各国因遭偷拍而使他人隐私权受到侵害的事件时有发生。特别是摄像手机的普及使偷拍变成了一件更加容易的事情，偷拍地点也从之前的浴室、卧室延伸到健身中心、饭馆之类的公共场所。

拍照手机还有可能成为窃取商业秘密的工具。由于拍照手机具有很强的隐蔽性，公司的重要图纸、样品，很可能在几秒钟之内就被偷拍、传输出去。商场内禁止拍照几乎已成为零售业不成文的行规，但面对照相手机，这一行规已显得无能为力。

手机厂家为增加卖点，在手机拍照技术上互相攀比，一方面手机拍照技术日渐完善和强大，另一方面也为偷拍提供了更大的便利。摄像头的隐蔽性越来越强。

针对越来越多的不法之徒利用手机等电子产品的拍照功能进行偷拍，一些国家和地区的立法机构开始介入：

2004 年 9 月 21 日和 12 月 7 日，美国参众两院分别通过的一项法案宣布，任何使用拍摄、录像设备在公共场所偷拍他人“暴露”照片的行为是违法行为，当事人不但可能被处以高额罚款，情节严重者还有可能被判入狱。根据法案规定，任何未经许可在公共场合对“裸体”或者“仅以内衣示人”的人进行摄像和拍照的行为均属违法行为。当事人依据情节的严重程度可能被处以超过 10 万美元的罚金、1 年的监禁，或者同时处以上述两项处罚。但这项法案并不适用于那些从事情报和监狱管理等工作的美国政府执法人员。

2007 年 3 月，法国立法规定，除新闻从业人员外，任何人利用摄像工具拍下暴力实况，然后将影像上传到互联网上令其广为流传，将可能被判处最高 5 年监禁及罚款 75 000 欧元（约合 15 万新元）。

法国是欧洲首个颁布这类法令的国家。这种利用摄像工具将暴力行为的影像录下，然后通过互联网或手机传播的行为称为“巴巴乐”（happy slapping）。摄像者一般就是施行暴力的人，他们以青少年为主，受害者大部分是路过的陌生人。评论认为，有关当局为取缔“巴巴乐”风而采取的立法行动是笨拙和近乎极权的行为。

2019 年 2 月，英国通过了“窥淫癖法”（Voyeurism Act），将偷拍裙底定为性犯罪。根据英国法律规定，在未经他人同意的情况下对他人衣着拍照，将可能被登记为性侵犯者，最高面临两年监禁。2023 年 5 月，日本立法委员提交了反对“偷窥拍摄”的法案，将未经同意拍摄他人隐私照片、视频的行为定为刑事犯罪。如果该法案正式通过，违反者将最高面临 3 年的监禁，或折合人民币 15 万元的高额罚款。在我国，单独设立反偷拍法需要谨慎考虑，但是对现有的法规进行与时俱进的调整，仍具有可行性。

就偷拍者的动机而言，其大致分为三类：勒索、心理变态或者是无目的好奇。如果以勒索为目的，那么偷拍和绑架在本质上是一样的，只是手段不同，至少从动机到行为能够找到解释的根据，都是违反了公认的道德标准。如果是心理变态，要看他的动机是否偏向于性，即借助某种非正当手段获得性满足，譬如用手机偷拍隐私部位。第三类动机的界定比较难，其实人人都有好奇心，尤其是年轻人。

至于被偷拍者知情后的反应，大致分两种：要么是息事宁人，不愿意公开；要么是勇敢地报警将坏人绳之以法。从心理学角度分析，息事宁人者属于外部控制型的个性，他们感觉事件的结果主要由外部因素决定，并非靠自身力量能够左右；而勇敢报警者属于内部控制型的个性，他们自我控制感强，认为凭借自己的努力可以解决问题，因此他们的态度比较乐观、积极。

公众消极地应对偷拍与我国没有针对偷拍的法律法规有关。从法理的角度看，人们在公共空间被拍照，实质上同“被人看在眼睛里”没什么区别。因此，偷拍后如果没有传播，就没有侵犯对方的肖像权，而如果只拍某个部位，但看不出此人是谁，即使公开发表也不构成侵权。只有对私人空间的个人行为的偷拍，或未经许可对他人肖像进行传播和用于营利，才构成侵权，属于法律制裁的范畴。

在我国，偷拍他人隐私将被治安拘留。2006 年 3 月 1 日实施的《治安管理处罚法》中明确规定：针对偷窥、偷拍（包括手机偷拍）他人卧室、浴室等隐私场所，或者窃听他人隐私的行为，将判处 5 日以下拘留或者 500 元以下罚款；情节严重的，处 5 日以上 10 日以下治安拘留，并可处以 500 元以下罚款。如果当事人在公共场所被别人用手机偷拍，其可以责令偷拍者删除照片，若遭拒绝可拨打 110 报警。

尽管我国相关法律法规对偷拍设备及窃听窃照行为不乏规定约束，但犯罪成本低、获利大、监管难，偷拍行为仍屡禁不止。

2024 年 6 月 24 日，一名民航乘客因偷拍中国一座军民合用机场，而被当局行政拘留七日。乘客刘某于飞机在东南沿海地区某军民合用机场滑行起飞过程中，无视机舱内广播和乘务员的提醒要求，擅自将开启录像功能的手机，放置在机窗遮光板与窗口的夹层之间，并反复开启遮光板，对机场周边设施、建筑和军机等进行摄录。中国国安部指出，机场观测到该航班有乘客未按照有关规定关闭遮光板后，立即要求该飞机重新滑回停机位，直到相关部门和国安机关细致核查确认消除泄密隐患后，该航班才得以重新起飞。刘某因涉嫌扰乱公共交通秩序，被相关部门依法处以行政拘留七日的处罚。

第 3 节　手机定位功能带来隐私权侵犯问题

手机定位是指通过特定的定位技术来获取移动手机或终端用户的位置信息（经纬度坐标），在电子地图上标出被定位对象的位置的技术或服务。定位技术有两种，一种是基于 GPS 的定位，一种是基于移动运营网的基站的定位。

随着移动数字化传播的日益普及，手机用户的位置信息已成为兼具商业与社会价值的重要信息资源，但同时也引发了位置隐私保护的严峻问题。国内外位置隐私研究主要形成了隐私保护技术研究、规律性的用户行为研究与规范性的法律规制研究三种不同层次的研究路径，手机应用程序对用户位置信息的过度收集、关联方共享下的位置信息与其他个人信息的结合、公权力对位置信息的滥用风险、隐私政策的实际功能等问题成为目前手机媒体传播中位置隐私研究的重点。现阶段位置隐私保护的主要困境在于信息收集尺度的界定困难、个性化服务与信息隐私间的悖论、隐私保护需要与媒介使用便利性的价值不对等，以及社会信息自由流动与个人隐私保护的矛盾。未来，应继续深入研究智能手机用户的位置隐私心理及行为，结合智能传播的新兴信息技术推进位置隐私保护研究，提升智能手机用户的信息隐私保护意识与能力。

智能手机已经成为今天人们获取与分享信息的“第一媒介”。但与此同时，手机媒体的使用也在不断获取、分析与共享用户的各类个人信息，智能手机不仅可以作为传播信息或沟通交往的媒介，也在实际上成为一种“无处不在的跟踪设备”，让使用者留下几乎不可磨灭的数字痕迹，面临大量不需要的广告或诈骗，产生社会声誉、经济损失或暴力侵害的风险，由此产生了新媒体研究领域中多学科共同关注的信息隐私课题。其中，位置信息（location information）作为一种特殊的个人信息类型，在媒介技术的发展下正在得到越来越多的应用空间，位置隐私也成为信息隐私研究中的重点问题。历史上，许多技术的缺点在其初创期或初始应用期都存在易被忽视的弊端，目前位置信息在新媒体传播中的广泛应用与社会对其的隐私关注与隐私保护实践并不适配。

手机媒体的应用、普及与发展是位置信息成为有效信息资源的关键性技术力量，从早期具有 GPS 定位功能的手机设备，到今天由各类传感器与算法支撑的智能手机及其各类应用程序，用户的位置信息已经成为新媒体传播中尤为重要的信息资源。手机媒体中位置信息的收集、使用与传播源于“基于位置的服务”（location based services，LBS），即通过使用位置信息来帮助用户与移动设备进行交互。LBS 的主要功能有四类：一是基于位置发送定向广告；二是基于位置创新产品应用；三是基于位置进行重大决策；四是基于位置优化治安及案件侦破。在具有集成位置传感器的现代移动设备驱动下，基于位置的服务变得日益流行，并且定位功能越来越成为一种强制性的信息服务，以确保智能手机用户对定位服务的采纳。在定位服务的普及化趋势下，人们正在越来越多地与第三方共享他们的位置，以换取基于位置的定制化、个性化服务。

位置信息的利用使手机媒体用户与特定的时间和空间产生联系，通过结合相关应用程序，开辟出了诸多移动传播的新功能并提升了用户使用过程中的便利性。但在用户的位置信息披露与让渡过程中，也产生了诸多隐私风险与威胁，位置隐私作为一种特殊类型的数据隐私，被定义为防止其他未授权方了解用户当前或过去位置的能力，或是个人能够决定自己何时、如何以及在多大程度上将有关他们的位置信息传达给他人。在社会生活中，位置隐私的泄露可能导致个体面临尴尬或羞辱，在某些情况下还会导致悲剧性的后果，包括辞职、被排斥，甚至自杀。位置信息所揭露出的个人隐私并不局限于位置信息本身，用户的位置信息也可以同其他个人信息进行结合，进而从扩展区域推断出语义含义，这种功能也被称为“上下文感知服务”（context-aware services），例如某人所在的位置是小学、中学或大学，则算法可能由此推断其正在做与“教学”或“学习”相关的工作。

随着智能手机系统及应用程序不断加强对用户位置信息的收集，位置隐私已经从特殊的个体问题转移并扩大化为一种普遍的社会问题。手机用户的位置信息既可以作为关系与社交层面下有意义的符号，也可以作为构建消费者用户画像的重要信息资源，这主要来自移动数字传播、社交媒体传播、电子商务与新媒体广告业发展、大数据及个性化算法推荐技术等多方面因素的影响。在各种智能化传播技术和应用软件同手机媒体与移动互联网结合的过程中，位置隐私的问题正在变得越发复杂化，不断涌现出新现象与新问题。早期手机媒体传播中的位置信息主要作为满足特定功能的技术手段，例如电子地图、导航等应用，但随着手机二维码扫描（扫码）功能在日常生活场景中的普及化，各种原本对位置信息非必要的应用程序也纷纷展开对用户位置信息收集的常态化。除隐私政策与页面中向用户明确告知的情况外，也有部分手机应用程序在后台不断获取用户的地理位置，这种过度的位置信息收集使位置隐私问题走向尖锐化。

从手机媒体以及移动互联网使用的基本需求来看，位置信息并不是一种必要信息，除极少数功能之外，手机媒体传播的绝大部分场合并非必须建立在对用户位置信息的收集与处理之上。因此，目前的手机系统及各类应用程序对用户位置信息的普遍化收集与强制性收集已经构成了过度个人信息收集，使位置信息变成了一种“不必要的必要信息”。造成这一现象的原因有两个：一方面，来自商业主体对位置信息价值的判断过高，将其视为新媒体产业运营中必不可少的信息资源，相关社会科学研究也有夸大位置信息对于传播与交往作用的现状；另一方面，源于位置信息披露主体与收集主体双方均未对个人信息保护的重要性予以足够重视，对于大部分用户而言，同意应用程序发出的各种授权请求成为不假思索的习惯，对于手机应用程序的运营者而言，对用户个人信息保护的实际举措并没有践行“最小必要原则”，而是不断通过隐私政策条款以加强自身行为的合法性。面对这一现状，如何正确认识位置信息在移动新媒体传播中的客观价值，如何把握位置信息利用的尺度及用户权利与义务之间的平衡，将涉及法学、经济学、社会学、新闻传播学等多学科的共同研究。

关联方共享是指互联网企业将本平台收集到的用户个人信息，与其他关联公司、合作机构共享。由此导致信息授权方的个人信息失控风险加大、信息管理方的承诺履行更加困难、信息数据库的破口更多地展开在数据窃取者面前。很多时候用户的位置信息并不一定在客观上构成隐私权保护的对象，虽然位置信息本身具有一定私密性，但仍需注意位置信息与其他信息相结合后的影响，单条位置信息并不一定属于敏感信息，但若与其他信息相结合，则可能反映一个人的私密生活，此时的位置信息即作为私密信息，对位置信息的非法获取将侵犯用户的隐私权。手机用户的个人信息披露并非是面向特定App的单次传播行为，而是一种在关联方信息共享机制下，形成的行业内多家合作公司对用户个人信息的交换与共享。例如，我们常常会发现在A平台中的搜索行为马上就会呈现在B平台的推荐之中，这很可能就是A平台与B平台之间共属一家公司或彼此存在商业协作，构成用户信息收集与处理的“关联方”。关联方信息共享的生态环境将位置隐私的社会问题之严重性推向新高度，跨平台与跨类型的个人信息正在形成对个体全方位、立体化的监控，位置信息作为空间维度上的重要数据，在形成用户的完整画像过程中具有不可或缺的价值。此外，关联方信息共享模式还会弱化隐私保护的主体责任与义务，在单独的用户信息收集与服务功能提供的关系中，用户与信息服务商的权责划分本应很清晰，但由于关联方或第三方的出现，服务商会将全部或部分安全及管理责任交由第三方履行，由此弱化自身的责任和义务。

位置数据采集利用产生的隐私难题可以分为政府侵权隐忧及企业侵权难题两大类。过往新媒体研究中对信息隐私的关注主要是围绕商业公司和个人用户之间的关系，但用户越来越多的信息隐私披露也会改变个体和公权力之间的关系，增加公权力滥用的风险。在美国，政府利用技术窥视私人生活的能力日益增长，地方和国家一级的政府正越来越多地寻求从手机和GPS设备获得的位置信息，就智能手机而言，政府可以从服务提供商那里请求与手机位置相关的实时和历史信息，而无须特别的搜查令；许多司法管辖区的执法机构可能会在没有逮捕令的情况下将其附加到私人公民的车辆上，并长期连续跟踪该车辆的移动。在公权力对个人位置信息的常态化监视与分析中，低廉的跟踪成本和难以把握的自由裁量权可能导致公权力的滥用，进而改变政府与公民的关系，强大的监视、监听环境将过度干预公民的日常生活，最终导致“为保障人权却牺牲人权”的严重后果。相比于商业活动对个人位置信息滥用的后果，公权力的滥用会引发更大程度上对公民自由、人格、尊严与平等的威胁，“监控社会”的危机将不再只是隐喻而极有可能成为未来的真实生存环境。

目前，位置隐私保护中存在的一大困境是对个人信息收集的尺度问题，国内外有关个人信息隐私保护的诸多法律法规都明确了对个人信息收集时的“必要原则”。但在实践中，企业究竟在多大程度上、何种时间与场景下收集用户的位置信息属于“必要”，外部监管力量与被收集信息的个体往往无法进行查询和判断。此外，信息合理收集的尺度与用户的动态隐私边界应如何界定，也构成了理论与实践中的困难。在大数据时代，智能手机用户通过让渡个人数据换取信息服务已成常态，这种让渡可以理解为用户将个人隐私边界的捍卫权放宽，信息管理者可以在授权范围内行动，但用户让渡部分个人信息的行为并非意味着完全放弃隐私，个人对隐私边界的期待使得授权范围以内的信息可以共享，而超过范围的则可能构成隐私侵犯。在用户视角下的流动化、个性化的隐私边界与企业视角下的最小必要原则及固定化的信息收集标准之间，如何达成有效的协调与匹配仍然存在较大困难。

在手机用户位置信息收集的过程中，还存在着信息隐私行为中个性化服务与隐私需要之间的基本矛盾，这也被称为“个性化-隐私悖论”（personalization-privacy paradox, PPP），即基于用户信息提供个性化服务而造成的个性化和隐私之间的紧张关系。换言之，如果人们希望得到更加个性化的服务，那么首先需要让服务提供者尽可能地了解自己。基于“个性化-隐私悖论”，将引申出一些更为基本的问题并值得理论研究与产业界进一步反思，例如个性化的信息服务究竟在多大程度上是有益的？是否任何互联网信息服务都必然要走向个性化？如果个性化信息服务是新媒体产业的必然路径，那么为了满足这种个性化需要，收集尽可能多的个人信息则在技术层面成为一种必要条件。如此看来，个性化信息服务与信息隐私之间是否真的构成了本质性矛盾，能否在理论中破解用户个性化信息服务与个人隐私保护之间的矛盾关系，从而寻找到一种在平衡隐私边界基础之上的信息合理化让渡。这些都是值得探讨的问题。

个人位置信息作为一项具有强大经济价值的信息要素，已经展示出了极具生产力的潜力，承担着许多场景下社会交往与信息传播基础设施的地位。位置信息具有规模大（volume）、速度快（velocity）、多样化（variety）及价值高（value）的“4V”特征，是目前发展移动数字传播产业与数字化公共管理中尤为重要的信息资源。因此，公民位置隐私的保护必然要面对互联网信息自由流动与隐私权保护之间的底层矛盾，这同时也涉及社会利益与个人利益、工具理性与价值理性等基本要素之间的张力。目前研究普遍认为，在信息的自由流动和对位置信息的严格保护之间，法律的制定和执行必须审慎地保持平衡而不能偏袒任何一方，我国个人信息保护法的制定目的也不仅仅是单方面对个人信息的保护，同时也是对信息自由流通及其产业活动、行政活动与社会活动的保护（程啸，2021）。但在实践中，信息自由流动与隐私保护二者之间的平衡仍然是一大难点，我国的个人信息利用与保护的现状整体上偏向于对数据的开放利用，能够有效保护个人权益的力量相对薄弱，个人位置隐私的保护仍然处于非常不利的地位。

用户需求始终是新媒体产业服务革新的第一驱动力，手机应用程序对个人信息与位置隐私的过度收集及侵犯现象在很大程度上还是建立在广大用户的“默许”之上，正因为大量公众并不具有明确的隐私观念与强烈的个人信息隐私保护意识，互联网平台等信息服务供应商才能够不断加强对个人信息的过度收集。因此，在公众媒介素养培育的体系中，亟待纳入信息隐私素养的内容，并将其作为媒介素养构成的关键问题之一，只有越来越多的用户在面临信息隐私侵权行为时能够自觉意识到问题的严重性，主动抵制个人合法权益所遭受的侵犯，行政与社会保护力量的介入才具有可能和空间。目前，手机用户的信息隐私素养更多局限于涉及账户密码、重要文件等方面，而对于所处的地理位置以及日常行动轨迹的隐私担忧并不显著，普通用户往往很难将位置隐私与其他个人信息之间的联系及其后果予以重视。此外，在应用程序获取个人位置信息及其他非必要个人信息时，还应当仔细留意申请许可中的关键信息，尽量减少非必要的信息让渡授权以保护个人隐私。

手机媒体的发展已经不止于“人体的延伸”，其在面向外部世界无限延伸人类身体的同时，也在“截除”着我们对于自身的掌控力。在连接、共享、互动主导的新媒体产业及文化生态下，从隐私的视角重新认识手机媒体传播变得至关重要，其中位置信息成为观察手机媒体中信息隐私问题的重要切面，在理论与实践中正在发生着越来越重要的价值。

思考题

1. 请说明手机传播带来的国家安全问题。
2. 如果你被偷拍了，你会怎么办？
3. 请列出手机定位功能的得与失。

在线自测

扫一扫　练一练

第 8 章　手机媒体的管理

伴随手机媒体在全球的发展，许多国家都认识到，对于手机媒体应该促进发展与进行管理并重。手机媒体的优势是信息传播速度快、便携性高、交互性强，这些都是纸质媒体、广播、电视等无法比拟的。与互联网一样，手机媒体作为一种新媒体，已经产生了社会影响。但是，手机媒体也带来许多垃圾及各种负面效应，对手机媒体进行监管存在不少难点。

第 1 节　手机媒体管理的特殊性

较之传统媒体，手机媒体的信息传播有自己的特性，这也为管理手机媒体带来诸多难题。

一、手机媒体监管的难点

（一）手机用户与信息的海量性

手机用户数以及手机传播的信息量数以亿计，要想对手机媒体全面及时进行控制，甚至想要限制或禁止某些信息的传播，都不可能完全做到。此外，手机每秒钟产生的信息和数据都是海量的，关键词过滤等技术措施并不能从根本上解决监管问题。

（二）跨地域传播带来的挑战

手机传播是跨地域、甚至是超越国界的。手机用户可以通过互联网轻而易举地登录到世界上任何一个国家和地区的网站、手机应用程序中，使得网络用户出现了地域上的极端分散性。在网络上从事违法犯罪活动经常影响很多国家与地区。在处理这些违法犯罪行为时，往往涉及管辖权方面的棘手问题。

（三）政策法规滞后

法律往往落后于科技的发展，手机传播的飞速发展与相关政策法规管理的落后形成鲜明对比。同时，管理机构对于手机这个全新的媒体暂时还缺乏管理经验，管理手段和方法更新的速度往往慢于新问题产生的速度。同时，新出台的法律法规中的某些制度又缺乏现实可操作性，执行起来存在各种冲突或难以实现。

手机传播无疑会带来信息传播的新“自由”，不仅对传统的传播学理论提出了严峻的挑战，同时也给既定的法律法规和道德观念带来了极大的冲击。手机信息的真实性、准确性、传播作品的版权问题等，都是棘手的问题。

二、手机媒体在信息传播过程中出现的问题

较之传统媒体和网络媒体，手机媒体在信息传播方面具有天然的优势，为广大用户提供了更加快捷、便利和丰富的移动信息服务。由于手机媒体具有互动、开放、私密等特性，加之把关机制不健全，相应的管理政策和制度措施不配套，使得手机媒体在信息传播过程中出现了不少问题。

手机媒体在新闻传播中存在的问题，主要表现在传播虚假新闻、散布不良信息等方面。这些问题对手机媒体的发展产生了不容忽视的负面影响，甚至可能危害到社会稳定和国家安全。

手机媒体，尤其是基于智能手机的社交媒体，存在传播虚假新闻的问题。不少虚假新闻具有一定的轰动效应，借助人际传播的巨大威力，通常会产生较大的社会影响。色情、迷信、暴力和赌博等不良信息内容通过手机广泛传播，败坏了社会风气，严重危害青少年的身心健康。

第 2 节　我国手机媒体管理的现状

手机媒体作为高新技术的产物，是在媒体、通信等不同行业的交叉地带发展起来的，横跨多个行业，产业链条复杂，其发展速度之快，带来的问题之复杂，超越了目前的认知水平和管理水平，出现了管理责任不明、管理依据不足、管理力量薄弱等问题，也出现了行业发展受利益驱动明显、知识产权保护不力、产业生态环境恶化等问题。

手机媒体管理涉及不同行业和产业部门，在管理上存在很多不明确的地方，存在管理责任不明和监管空白。因此，存在管理力量薄弱，不良信息泛滥的问题。目前有关手机媒体管理的管理依据不足，法规政策有待明确与完善。

近年来，短视频社交平台依靠碎片化消费、轻量化接收和上传等移动互联网优势成为大众沟通、娱乐、学习、获取信息和资源的重要工具，收获了大量的用户。大数据时代，大量个人基本信息（如身份、电话、地址等）和行为信息（如浏览痕迹、消费记录等）都可以被轻易地获取、存储和使用。聚集在短视频社交平台上的海量用户信息如何被使用，信息的安全如何得到保障等问题引起社会各界广泛重视。用户数据存储方式、数据安全保护和跨境数据流动、算法机制等展开，用户信息数据安全问题正在被上升到国家安全问题的层面。频繁发生的短视频社交平台用户信息泄露、滥用事件不仅对平台用户的个人隐私和信息权益造成侵害，破坏了网络空间传播秩序，也对数字经济的发展造成不良影响。

随着社交媒体的普及，越来越多的民众选择通过网络平台表达自己的意见和诉求。在这样的背景下，政府部门的官方网站、微博、微信等平台成为民众与政府沟通的重要渠道。社交媒体民意表达具有即时性、互动性和广泛性的特点。通过社交媒体，民众可以随时随地发表自己的观点和看法，与其他网友互动交流，形成舆论场。这种民意表达方式不仅提高了信息传播的速度和广度，还使得政府能够更加及时地了解民众的诉求和意见。

以新浪微博热搜为例。微博不仅是一款娱乐型社交媒体平台，更是公众获取新闻信息的重要渠道之一，其议题设置同公共舆论之间具有密切的关联。微博的活跃用户以数以亿

计，尤其在中国青年群体中具有广泛的使用规模，这使得微博舆论往往具有较大的社会影响力。然而，当前微博场域形成了重情绪、轻内容的表达，争议性话题比重大，虚假信息泛滥，舆情快速产生和发酵。公众被源源不断地裹挟、卷入，看似被给予了自由表达的机会，却不知背后隐藏的是巨大的“流量生意”。

微博“流量生意”的本质是社交媒体平台“公众议程设置”的失范和新闻价值选择的失衡。而“后真相时代”，热点话题的批量化生产和情绪化传播，更容易带来侵犯用户隐私、滋生网络暴力、引发群体对立等严峻问题，对社会心态、社会信任和社会团结造成直观影响。由此提醒微博等社交媒体平台正视问题、迅速整改，肩负起应有的社会责任。

热搜榜背后反映出的本质问题是传统新闻价值选择的异化与平台把关的缺陷。有研究发现，时新性、流行性、互动性、导向正确是微博热搜四要素，其中“时新性”主要指时间上的新近发生以及内容上的新奇；“流行性”主要指内容是否能够被多数人所喜爱并具有突然迸发的特质；“互动性”主要指内容是否能够促进用户之间的点赞、评论、转发等行为；“导向正确”主要指政治逻辑在平台运营中的体现，发挥正面宣传、意识形态教育、网络正能量氛围等功能。但在实际情况下，不同的要素在平台推热的设置中存在权重差异，本应置于首位的“导向正确”往往体现为法律要求层面的底线原则，甚至为了追求互动性、流行性而牺牲掉“导向正确”的热搜议程也不乏存在。再者，传统新闻价值选择中的重要性、真实性在社交媒体平台的推热机制中也往往缺位，只要话题能够更大程度上吸引用户眼球、赢得用户猎奇、激发用户讨论，就被认为具有“新闻价值”，过去从公共利益出发考量的重要性以及事实本身的真实性被放置到了价值选择的末端。

微博热搜话题及其引发的讨论对个人隐私的侵犯同样不容忽视，许多热搜话题本不属于公共事件，而是把原本的个人隐私“制造”成公共事件，很多时候会给当事人造成巨大的身心伤害。这种问题的根源在于网络传播带来的私人领域的公共化与公共领域的私人化现象。一方面，本来属于私人生活的事情被网络曝光，进而成为社交媒体平台中的热点话题，引发公众的讨论、辩论甚至是造谣、诋毁，其中许多话题或讨论的范围已经远远不属于公共领域；另一方面，公共领域也正在私人化，主要体现在网络表达的过程中，许多网友因为媒介素养的制约，并不能很好地区分公共与私人的边界，在参与热点话题的讨论中往往夹杂着私人经验、个人情感，或者是着眼于公共事件中的私人信息投以猎奇心，进而转换舆论的趋势。在社交媒体平台制造的热点话题中，公共领域与私人领域时常杂糅不清，这不仅使个人的权益受损，也让许多本身并非是关乎公共利益的事件成为“伪公共话题”，消耗用户的时间、感情与信任。

第 3 节　加强对手机媒体管理的对策

手机既是个人通信载体，又具有大众传媒性质，涉及不同行业和产业部门；手机传播信息数量庞大、内容繁杂，技术条件和标准要求高；手机信息的发布、传播、处理等具有随意性、传播时间短、影响面广等特点，信息的发布者、传播者、接收者不容易掌握；参与手机新闻传播业务的既有各类企业，又有新闻媒体，主体复杂。所有这些都使手机媒体传播的信息内容管理更加复杂。对于这一新兴媒体，目前国内尚无相关的管理制度和法律法规。如何对手机媒体业务特别是其中的信息内容加强监督、管理，尊重和保护知识产权，防止违法和不良信息通过无线互联网传播，是需要抓紧研究解决的重大课题。

一、对手机媒体的管理途径

在手机媒体的发展中，政府的重要性是不容忽视的，它不仅是手机媒体的管理者，还应当是新媒体发展的促进者。政府有责任净化手机媒体内容，保障手机网络安全，使这一新兴媒体得到蓬勃发展。

控制和自由如同一个硬币的正反面，二者是不可分割的。但是，这里的控制策略的制定，必须结合手机媒体的实际情况，不能沿用对传统媒体的控制办法。

手机媒体的便携性、开放性、自由性、互动性和低成本化为"噪声"传播提供了技术上的可能，手机媒体的突破地域、时间界限等特点无疑为对手机媒体的控制增加了难度。对于传统的大众媒体，国家可以通过制定法律、法规和政策控制媒体的立场，保证其为国家的主流意识形态和广大人民的利益服务。但对于手机媒体来说，一些有形的控制手段很难奏效，国家难以全面及时地监控海量的信息与用户。

目前对手机媒体，主要有以下三个层面的控制途径。

（一）加强关于手机媒体的法律法规建设

这是一种硬性控制手段。目前，世界各国的手机媒体立法才刚刚起步。立法毕竟只是形式上的问题，更大的难处在于执法的障碍重重。对手机媒体信息传播的监控，对违法事实的调查、取证，部门之间协调等都是执法部门的新课题。

从21世纪初开始，手机媒体在全球范围内迅速发展，手机媒体具有传播速度快、便携性高、传播范围广、信息量大、交互性强等巨大的优越性，成为引人注目的第五媒体。但是手机媒体中的信息在权威性、可信度、知识产权保护、信息安全性等方面不如传统的传播方式，同时在手机媒体中还存在一定数量的黄色的、反动的、虚假的信息垃圾。因此，世界上一些国家先后颁布了相关的法规，对手机媒体进行管理和控制。

（二）加强手机媒体伦理道德规范

虽然这只是一种软性的控制手段，但我们认为这也是一种相当有效的手段。毕竟控制的最高境界是防患于未然。道德与法律一起成为现代社会调节人与人之间关系、规范人的行为、维护社会安定的两大支柱。道德通过舆论、习俗、信念发挥作用，法律通过威慑和惩罚发挥作用。手机媒体作为现代人生存的第二空间，理应有自己的一套道德伦理体系。

法律是最昂贵的社会组织工具，它的作用常常产生在事后，这就使得法律失去了人们可以信赖的共同期望，人们不能指望有法律的存在就能随时杜绝违法行为的产生，就使得社会经济系统在运行过程中耗费了大量的成本用于实施法律之外的民间保障行为。而道德如亚当·斯密所说，是"出自一种对光荣而又崇高的东西的爱，一种对伟大和尊严的爱，一种对自己品质中优点的爱"。道德的实质就是同情心，就是对同胞的爱和对自我利益的克制，这是受个人利益支配的命令，它是主动的，而不是被迫的。因此，从这种意义上说，我们认为道德自律对手机媒体或对其传播者的作用要大于法律的作用。因为有了道德，人类社会才变得丰富多彩，才会运转有序，才会始终保持积极向上的时代主旋律。

例如，日本的手机媒体基本上采取的是伦理道德约束，取得了很好的效果。但是，这种根植于日本文化的管理模式能否移植到中国，显然是值得深思的。

（三）技术管理

有效地克服手机媒体带来的负效应的对策，除加强政府对手机媒体的监管、对手机媒体进行法制管理、倡导文明的网络道德外，还有技术措施，即以技术对抗技术，进一步加强技术控制。

我们亟需加强手机芯片自主研发，确保底层安全。需要加强“核高基”、电子发展基金等对自主可控手机芯片特别是安全芯片的研发支持力度和成果转化力度，国内手机厂商、芯片厂商要加大研发投入，自主设计芯片微结构，确保知识产权自主可控，加强芯片流片安全管理，实现供应链自主可控。加快开发基于国产密码或可信计算的安全芯片，切实提升智能手机的安全保障级别。

增强手机安全检测能力，强化入网审查。在国家层面加强智能手机入网管理，不断完善管理制度和技术标准，实施更严格的进网安全审查，对获证手机进行跟踪监督。依托国家级安全检测机构，增强智能手机及其芯片的安全检测能力，强化企业安全资质认证。在企业层面应增强手机研发、生产、调试各环节的安全检测，及时发现产品漏洞，提高手机自身的安全可靠性。

完善手机回收管理法律法规，发展专业化服务。加快修订《废弃电器电子产品回收处理管理条例》，将防范信息泄露问题纳入废弃电子产品回收管理统一考虑。国家有关科技计划和专项基金等加强对智能手机数据销毁技术研发的支持。鼓励企业开展智能手机数据销毁专业化服务，培育形成社会化服务能力。引导用户选择正规手机回收渠道，并给予适当补贴。

健全数据跨境流动法律法规，捍卫数据主权。加快推进数据主权相关立法进程，制定个人信息保护、数据跨境流动等法律法规。对跨境数据进行分级分类管理，明确禁止和限制跨境数据的范围和领域。加强跨境数据流动安全风险评估。积极倡导制定数据保护国际规则和协议，减少对跨境数据的非法收集和使用。

加强特定场所智能手机使用管理，确保规范化执行。针对涉密场所、重要会议等场景以及政府高级官员等核心、重要涉密人员，制定并严格执行更有效可行的智能设备管理办法，包括智能手机、智能手表、平板电脑等，加强教育，落实责任，强化监督检查，避免涉密信息泄露。支持国内手机厂商研发生产高安全等级保密手机，鼓励涉密敏感人员使用。

二、善用手机媒体

对手机这一新兴媒体，应当坚持发展与管理并重，通过科学规范的管理促进其健康有序地发展；应当坚持趋利避害、为我所用，充分发挥这一新兴传播载体的独特优势，推动各项工作取得进展；应当既借鉴网络媒体管理过程中积累的有益成果和丰富经验，又要吸取“先发展后治理”带来的惨痛教训，避免管理工作过度滞后于产业发展。

手机媒体是一种全新的传媒形态，新闻媒体正面临着发展壮大新闻事业的良好机遇和广阔天地。应该看到，当前整个互联网正从门户时代向服务时代过渡，从桌面互联网向掌上互联网转型，在移动互联网实现终端融合、业务融合和网络融合中，预示着互联网产业的重新洗牌，主流媒体完全可以有新的更大作为。主流媒体要努力适应形势的发展变化，熟悉和掌握科技发展的最新成果，积极运用先进的通信手段，充分发挥自己权威的传播地位、丰富的信息资源、良好的管理经验、过硬的人才队伍，以及稳定的受众群体等优势，转变观念，创新思路，实现传统媒体业务与新型传播手段的有效结合，拓展新的发展空间。

新闻和信息的合理运用是政治成功的关键。合理运用新闻和信息，就必须遵循新闻传播原理，加强对各种媒体的科学掌控和运用。特别是面对现今时代多元化、即时性、多样性的舆论生态环境，必须积极运用手机媒体这一最新的传播载体，顺应新闻规律，提高传播技巧，主动设置议程，及时发布信息，努力占得舆论引导的先机，把握正确的舆论导向。

手机媒体对传统新闻传播理念甚至网络新闻传播理念造成的冲击已经开始显现。手机媒体受终端显示屏、用户使用习惯等的制约，体现出自身独有的传播特点和规律。变革传播观念，探索传播技巧，关系手机新闻宣传成效，关系手机媒体竞争力强弱。手机媒体与网络媒体、传统媒体在新闻宣传中既要“求同”，也要“求异”，即在新闻宣传内容的政治方向、价值取向上必须一致，在新闻选择、话语结构、信息形态、传播方式方面则要体现出差异性。

新媒体从本质上说无非是新的内容发行平台和分销渠道，而这必然带来所需内容的重大变化。手机媒体要发展壮大、走向成熟，一定要有量体裁衣、适合自身传播的信息内容。现在出现了少量试验性的、专门供手机媒体传播的新闻、评论以及小说、电影、电视剧等内容。要研究用户需求，丰富服务功能，针对用户群体的差异、接受心态和阅读习惯的变化，运用体现手机媒体特征的语言、内容和表达方式进行新闻传播，不能照搬照抄传统媒体、网络媒体的内容。

打造新兴舆论阵地。手机媒体相关业务发展很快，要密切关注发展态势，适时制定发展规划，着手打造主流手机媒体网站，建设无线互联网上权威的综合信息发布和服务平台，给予必要的政策支持，不失时机地占领新闻传播制高点。国家主流媒体特别是重点新闻网站要充分发挥信息、资源、人才等各方面优势以及网络媒体建设经验，主动掌握最新的科技手段、驾驭最新的传播渠道，开展手机媒体业务，使新技术为我所用。要积极应对传播手段更新带来的挑战，准确把握新形势下新闻宣传管理工作的要求，在方法、手段和机制等方面积极探索创新，确保手机这一新兴舆论阵地得到巩固和发展。要高度重视手机媒体在突发事件报道中的作用，第一时间发布权威信息，发挥舆论主导作用。

三、加强手机媒体的管理

手机媒体是一种新媒体，有其自身的特点和运行规律，既有的管理办法并不完全适用；手机媒体是一种“自媒体”，它让每个人都变成了移动的信息发布者、传播者、接受者，对既有的新闻传播秩序构成了挑战；手机媒体将一切内容和行为都高度技术化、介质化，传统的管理手段往往难以奏效。如何科学有效地对手机媒体实施管理，推动整个无线互联网产业的持续健康发展，是一个现实而紧迫的课题。

（一）明确责任主体，理顺管理体制

现在一些手机媒体业务影响很大，但没有明确的政府部门负责管理，或者没有将其作为管理重点，行业发展环境不容乐观。要将这一新兴媒体尽早纳入关注视野，明确责任主体，积极实施管理。手机媒体管理涉及不同行业和产业部门，要明确相关管理部门的职责，加强协调配合，建立和完善管理体制和机制。

（二）健全法规制度，严格依法管理

要适应手机媒体发展状况，体现手机媒体特点，抓紧制定相关的管理性的法律法规或规章制度，可以借鉴互联网相关管理规定的要求，尽快作出解释，避免管理工作相对于产业发展过度滞后，出现“先发展后规范”的情况。要尽快对从事新闻信息服务的手机网站、手机报纸等的资质审批、内容监管作出具体规定，引导手机媒体健康有序发展。

（三）完善技术手段，强化技术管理

手机媒体是最新的通信技术发展的产物，在管理上的技术要求很高，要注意不断完善技术手段，提高管理的技术含量。要建立对不良短信息、不良 WAP 网站的监控系统，及时发现这些信息并及时予以处理。电信运营商要继续加大技术投入力度，建立相应的工作流程，积极配合相关管理部门的工作，加强对 SP 的技术监管。

（四）推动行业自律，强化自我约束

要坚决禁止违法和不良信息通过手机媒体传播，尊重和保护知识产权，维护公平竞争的环境。要制定自律规范，强化自我约束，组织成立中国无线互联网行业协会。电信运营商要主动承担相应的职责和任务，协助健全信息服务类业务的管理和控制机制，促进无线互联网行业的协调、健康、可持续发展。

（五）加强理论与实务研究，为行业发展提供指导帮助

今天，公众在认识世界、辨别真伪以及形成观念时，对于信息媒介的依赖程度越来越大。手机媒体正在成为人们的信息伴侣、娱乐伙伴，成为个体与社会联系的枢纽。对手机媒体这一新兴事物，从理论到实践、从内容到技术都还处于探索之中，迫切需要加强相关领域研究，为行业发展提供指导帮助。当前，要深入研究手机媒体对现有媒体理论和传播学理论提出的新的挑战、对传统产业政策的突破以及相关的法律法规问题。要研究手机媒体对新闻事业发展的影响和新形势下媒体发展战略，推动传统媒体、新闻网站与移动通信的相互渗透与融合，建设主流新闻媒体的立体化传播平台，发挥主流新闻媒体的主渠道作用。要研究如何适应信息产业发展规律，进一步引入市场化运行机制，深化新闻媒体内部体制机制改革，建设灵活高效、适应新技术发展的新闻媒体。要深入研究媒体的跨界整合趋势和手机媒体的内容创新问题，为占领无线互联网舆论阵地提供有力支撑。要深入研究手机媒体管理中面临的突出困难和问题，切实通过科学规范的管理营造出健康有序的行业环境，迎来手机媒体蓬勃发展的时代。

四、尊重手机媒体发展的特殊规律，创新手机媒体管理的原则

（一）尊重手机媒体的特殊规律，确立正确的立法原则

手机媒体有其特殊的产业发展规律与技术特点。在制定有关手机媒体的政策与法规时，要避免鸵鸟政策。

在对手机媒体进行立法管理时，要借鉴我国对网络媒体管理的经验教训。同时，手机媒体又是跨地域和跨国界的。因此我们在立法时要考虑与国际接轨，并借鉴这方面的经验教训。

政策制定与立法原则应该是顺应和促进手机媒体产业发展，规范与发展并重。手机媒体可以依据不同的标准分类，按照其与传统媒体的关系，手机媒体可以分为不依托传统媒体的手机媒体与依托传统媒体的手机媒体。前者管理难度大，但是代表了产业主流与方向；后者可以比照传统媒体的管理模式，管理难度小。但是从数字新媒体发展走过的历程来看，后者受制于已有的管理模式、人员结构、思想观念、资金运作等因素，很难成为新兴产业的主体。我们的政策法规不应该制约前者的发展。

我们目前对新媒体的监管存在一个问题，就是重“规范”轻发展。政策法规本应该是促进媒体产业的发展，而事实却是许多政策法规实际上是在制约其发展。

手机传播是零门槛的传播方式，数以亿计的手机用户中的任何人都可能成为传播主体，因此，很难采用传统的出版审批制进行管理。鉴于手机媒体的特殊规律，建议区分企业和个人的手机媒体行为，并采取“登记制＋追惩制”进行手机媒体的管理。

由于以网络媒体、手机媒体为代表的新型数字化出版方式是整个新闻出版业的发展方向，纸质媒体“日落西山”是一种历史的进步和必然。因此，在立法上应该鼓励传统出版社利用新媒体技术，积极投身到网络媒体、手机媒体的发展建设活动中，促进我国的出版产业升级。

（二）注重知识产权保护

在我国目前网络传播的立法和执法中有不尽如人意的地方，例如网络版权保护。在网络（包括移动通信网）上，知识产权被侵犯的事件屡见不鲜。一位作者要在互联网上维护自己的合法权益，往往要付出很高的时间和经济成本，并且承担着较高的败诉风险，因为在网络上对知识产权的侵犯存有零成本、隐蔽性、迅速性、全球性、罪证难以收集等特点。简言之，在网络上侵权非常容易而维权却十分困难。在手机媒体中，如果版权问题得不到很好的解决，结果或许是彻底毁灭手机媒体产业。

（三）增强政策法规的可操作性

手机媒体是没有国界的、是世界的，可以借鉴目前成熟的、成功的国内外手机媒体政策与立法。手机媒体的管理者和缔造者一样需要富有创新精神。手机媒体需要监管，但不是传统意义上的政府管理。如果监管者用传统的管理方法监管新媒体，面临的结果无非两个，要么是该产业一管就死，要么是管理规则因为操作性不强而形同虚设。

手机媒体管理是一项极其复杂、艰巨而又长期的任务。任何一种管理手段都只能起到一定的作用，而不能够全部解决手机媒体有害信息传播中的问题。不管是通过法律手段、

技术产品还是道德教化和自我约束，不管是他律还是自律，各自都有一定的局限，都不是百分之百地奏效。所以，手机媒体信息内容的监管应该是一种综合管理，在管理模式的选择上应该确立一个综合管理框架，综合法律、政策、技术、伦理等多种管理手段，使它们互相配合，互相协调。只有这样，才能最终实现对手机媒体的有效管理，才能给人类社会带来一个健康、有序的手机媒体信息交流环境。

事物往往具有两面性，对手机媒体进行监控是要付出代价的，而且监控越是严格，成本就越是高昂。这里的成本是指广义的社会成本。因此需要在手机媒体监控的成本与效益之间求得平衡。

作为现代科学技术的成果，手机媒体自身是中性的，无论是良性作用，还是负面效应，都是参与其中的人“制造”的。手机媒体可以改变人类，人类也可以改变手机媒体。我们不能因为手机媒体存在种种弊端而因噎废食，视之为洪水猛兽。

思考题

1. 请分析手机媒体监管的难点。
2. 试分析手机实名制的利弊。
3. 如何理解“管理的目的是促进发展和创新”？

在线自测

扫一扫　练一练

第 9 章　手机媒体的未来展望

包括传媒业在内的众多行业的发展，都是由技术进步推动和市场需求拉动的。历史上每一轮传播技术的进步都必然带来传媒产业的变革，云计算、大数据、人工智能，归根结底是技术进步，再由技术进步驱动产品创新，产品创新改变市场格局。

新媒体带来了传媒业的巨变。从报刊、广播、电视“老三样”到今天“两微一端”、抖音、快手等新传播载体层出不穷，新传播技术正带来崭新的传媒生态格局。报纸不断停刊，与此形成对比的是百度、腾讯、今日头条的日活量过亿，抖音周末高峰日活量突破两亿。网络平台越来越具有媒体的特征，腾讯、百度、网易、今日头条、新浪、抖音、快手等头部新媒体和超过 300 万的自媒体传播力、影响力日趋加大。传播主渠道、舆论主阵地、意识形态斗争的主战场已转场网络，受众已转移到网上是不争的事实。

移动传播、自动推送、人脸识别等新的传播手段的运用使传媒业态更加个性化、分众化、场景化、体验化。新一代媒体人不仅承载着探究真相、表达观点、传递信息和价值的使命，还要使用机器、理解机器、驾驭机器。

第 1 节　人工智能会取代记者吗

2016 年谷歌机器人阿尔法狗（AlphaGo）大比分击败韩国围棋高手李世石。2017 年年初，人工智能围棋 Master 在一周内横扫柯洁、朴廷桓、井山裕太等中日韩顶尖高手，战绩停留在令人恐怖的 60 胜 0 负。Master 已经被确认是 2016 年人机大战主角 AlphaGo 的升级版。围棋人机大战让所有人都开始关注人工智能。有人说人工智能能为人类提供更卓越的服务，也有人说它将取代人类的工作并最终战胜人类。那么人工智能究竟是福还是祸？人工智能真的会取代人类吗？我们关注的是，人工智能是否真的会取代记者这个职业。

“人工智能”这个词来自英文 artificial intelligence，简称 AI。从计算机诞生的那一刻起，人们就在讨论它会给未来带来哪些变革。在过去，人工智能受限于硬件本身不够优秀、计算能力不足，但在摩尔定律的推动下，现在运行人工智能的系统往往都是非常庞大的计算机集群。今天非常热的“机器学习”这一概念，其实在 20 世纪 90 年代就已经提出了，只不过当时受限于计算机的计算能力。

一、哪些职业容易被取代

事实证明，规则明确的、信息全公开的职业，容易被取代。

棋类的竞技项目是信息全公开的。以围棋为例，第一个子落下之后，棋盘还剩下 360

个点可以选择，以此类推。但是有些竞技对抗不是这样，是信息不完全公开的，有玩家不知道的黑幕，而新闻报道从来就不是规则明确的竞技活动。

根据世界经济论坛的最新报告，受人工智能与机器人等科技发展影响，超过 500 万份工作将会消失。在遭淘汰的岗位中，至少三分之二是行政与办公室类的白领工作岗位。职业中可自动化、计算机化的任务越多，就越有可能被交给机器完成，其中以行政、销售、服务业最为危险。司机、技工、建筑工人、裁缝、快递员、抄表员、收银员、保安和洗碗工属于比较危险的、有可能被机器替代的职业。

人工智能能够替代部分工作的职业有律师、翻译等。律师工作中对法律、案例、参考文献的检索、分析工作，是计算机能够充分掌握数据的领域。数据容易公开获取的领域包括法律法规、案例、文献等，数据不容易公开获取的领域包括证据（尤其是刑事案件的证据）、与当事人沟通、庭审说服等。

尽管机器可以模仿人类的大脑进行学习，但是在目前的科技水平下，相比人类，机器欠缺了原创能力、互动能力和谈判能力。因此，具备这三种要素的职业便不容易被机器替代，比如文创、科技和管理行业，就比较安全。内外科医生、编舞、教师、作家、人力资源经理、科学家、工程师和记者也属于比较安全的、不容易被替代的职业。

虽然计算机可能在一些方面超过人类，但是它依旧不是“完整的人”，例如阿尔法围棋，它只会下围棋，并不像人类可以做许多事情：弹琴、下棋、与人交流，甚至创造各种人工智能系统……只有人类能处理生活中纷繁复杂的情况，人工智能取代人类的担心为时尚早。换言之，阿尔法狗的程序就是下围棋，它不会做除下围棋之外的任何事情。虽然在此番对战中，阿尔法围棋的表现技高一筹，但也仅仅是在围棋方面，“大多数人工智能目前都存在一个非常大的缺陷，那就是缺少了我们所谓跨领域的通用人工智能”。人类依靠独有的创造性、互动性和谈判性，在一些职业中仍然占有绝对优势。

二、人工智能记者的出现

2016 年 8 月，《纽约时报》向外界披露，它们有位主编其实是聊天机器人。这位主编挑选的文章平均阅读量是普通文章的 38 倍，每天工作 24 小时不休息。

腾讯开发的一款写稿机器人 Dreamwriter，可以根据算法在第一时间自动生成稿件，瞬时输出分析和研判，一分钟内将重要资讯和解读送交用户。搜狐推出了智能股市播报系统，由机器人自动跟踪、捕捉市场的动态，进行纯粹客观描述，以信息流的方式推送给用户。上述两项人工智能引发了对机器与人工之间如何平衡的讨论。

韩国的新闻通讯社已开始采用“人工智能记者”编写简单的体育和财经新闻。2022 年 12 月，OpenAI 公司发布了名为 ChatGPT 的自然语言处理模型，3 个月内全球用户数量破亿。ChatGPT 可以完成更加准确、复杂、持续的人机对话与文本生产，基于人工智能技术的内容生产（AIGC）又步入了新的台阶，此前已经初步发展的聊天机器人、写稿机器人的市场空间与应用程度将进一步加深。

“人工智能记者”的重要优势体现在两大方面：一是“勤勤恳恳，态度认真”。每天股市收盘时，它都会基于韩国证券交易所公布的数据即刻写出最新报道，“毫不懈怠”。一名机器人记者只要 0.3 秒就能完成一篇关于股市行情的简讯。网络对比调查显示，超过 50%

的读者都无法分辨出哪一篇是人写的，哪一篇是机器写的。二是成本低廉，节约人力。安装“人工智能记者”只需首次的设置费用，随后每个月的运营费用接近于 0，与聘任记者的费用相比，简直是“九牛一毛”。

“人工智能记者”的最终目标是使“私人记者”成为可能。现实中根据每位用户的需求撰写定制新闻，一般记者难以完成，但对于“人工智能记者”来说只是几秒钟的事。

人类记者要向深度调查记者转变，这样才能不被淘汰。“人工智能记者”虽然能力超群，但大众是否愿意接受呢？为了解答这个疑惑，韩国新闻基金会进行了社会调查，结果显示，当被问及“一篇无观点的新闻是否可以由计算机算法来写作”这个问题时，约 48％的人回答可以，只有 14％的人表示怀疑。而在这些怀疑者中，约 45％的人担心机器算法会破坏媒体舆论监督和批判的功能，而 42％的人担心这会产生大量无意义的文章。但显然，这些担忧都会通过完善算法或添加人工编辑的方式得到解决。

三、具有创新能力的记者将成为人工智能时代的强者

围棋比赛和做新闻有本质区别。下围棋与创作最大的区别在于围棋有胜负，并且只有围棋本身的规律，不随时代而改变。在阿尔法狗的训练过程中，是先让其学习无数的人类下棋模式后，再让不同版本的阿尔法狗之间进行比赛，并对新的比赛过程进行学习，使其不断超越机器自身，最终才得以超越人类。

而创作领域没有输赢之分，好坏也是很主观的事情，所以没有办法让“人工智能记者”自身不同版本之间进行竞争，也就很难想到方法让其只靠学习以前的文章就能持续提高水平，写出比人类记者更优秀的文章。

要写出好文章，就要输入大量优秀的样本，而这些优秀的样本需要无数记者充分发挥创造力。如果没有无数记者的不断创新，“人工智能记者”只在现有的文章中不断学习，很难想象它能与时俱进地写出越来越好的文章以及新闻报道。

在人工智能逐渐代替人类工作的情况下，如何找到机器和人工的平衡点也是需要思考的问题。比如关于智能写稿、智能看盘机器人，有业内人士表示，智能化资讯不仅仅是简单地进行数据挖掘、分析，更重要的是解决机器与人工和谐发展的问题，机器重在扫描挖掘发现信号和机会，而人工重在深度分析和评论，只有找到其中的平衡点，才能满足用户对资讯有效性的实际需求，带来创造性的体验。

如果鲁班只是手艺了得，恐怕在当下也难逃被裁员的厄运；因为日夜无休、分毫不差的自动化生产，无论是在生产力还是精确度方面，都远非人类所能及。不过，作为“发明家”的鲁班，今天应该仍是企业争抢的创新人才，毕竟人工智能不会从树叶的锯齿联想到锯子，机器也无法凭空造出丈量用的曲尺和攻城用的云梯。

人类的想象力和创新力，大概是在可以预见的未来里，少数无法被人工智能复制的能力，也是鲁班能够战胜“机器人木匠”的关键所在。

记者的饭碗要怎么保住，笔者认为，未来多数从事一般性报道的记者都会失业，除非他们转而挖掘深度调查新闻。机器人记者的出现，其实是为我们这些人类记者提供“更上一层楼”的动力和机遇。

“写作”可以被机器人取代，但搜集有意义的新闻只能由人类新闻工作者完成。何况

从根源上讲，探究人类的心思和需求，再没有比人类自己更合适的了！

此外，机器人是没有感情的，而不少新闻报道与评论则是需要情感的。

所以对于每一个媒体人来说，我们只有更深入地了解新闻媒体行业的本质和人类通过媒介获得信息、人的思考方式的本质，加深人工智能领域的人文探索，才能使人工智能更好地为我们所用。这是人工智能对所有媒体人提出的全新挑战。

人工智能不排除具有一定的商业炒作成分。随着“人机大战”的进行，原本默默无闻的人工智能概念股被推上风口浪尖。

人工智能能否战胜人类是“伪命题”，因为只要规则明确，计算机在下围棋上战胜人类“是迟早的事情”。

第 2 节　新一代移动通信技术与大国博弈

移动通信科技平均每 10 年出现一次大变动。20 世纪 90 年代，电话从 1G 时代的电线传声进入数码传音的 2G 时代；21 世纪，3G 科技出现了，人们能在移动通信中享受音乐和观赏动画。如今，智能手机使用的是 4G 移动通信技术，它非但能让人们看到各种流畅的视频，也成为我们的电子钱包。

到了 5G 时代，手机网络的传送速度可达到目前的 100 倍以上，利用 5G 下载一部两小时的电影只需 3 秒钟，自动驾驶汽车的瞬间判断能力以及识别危险的反应速度将比人脑还快。在医疗领域，5G 科技更是医生的好帮手，让他们可以远程抢救生命。总而言之，5G 科技将为世界带来翻天覆地的变化。

5G 的一个特征是高可靠、低延时，这让它适用于工业，尤其是机器大规模交互的场景，例如远程控制、工厂智能化、无人驾驶等。无人驾驶至今无法全面推开，很大的一个原因是当前 4G 网络无法满足它所需的反应速度和可靠度，难以在毫秒中作出判断、避让、刹车，但新一代 5G 技术将让这些成为可能。

广泛的应用前景让 5G 具备巨大经济效益。高通发布的报告预测，到 2035 年 5G 将在全球创造 12.3 万亿美元的经济产出，5G 价值链将创造 3.5 万亿美元产出、创造 2 200 万个就业机会。

面对诱人的经济蛋糕，各国对 5G 技术的开发趋之若骛，这项技术更被视为各国在高端科技领域竞争的一个主战场。

目前，全球已有至少 66 个国家的 154 家移动运营商正在进行 5G 技术测试或外场试验。预计到 2025 年，全球将有 110 个市场部署 5G，中国和美国目前都在 5G 发展上处于第一梯队。

一、中国领跑 5G 技术的发展

德国专利数据分析公司公布的数据显示，截至 2019 年 3 月，在所有 5G 通信所需的标准必要专利申请中，34.02%由中国公司掌握。其中，中国电信业巨头华为目前是申请 5G 标准必要专利数量最多的企业，占总数的 15.05%。中兴通讯和中国电信科学技术研究院则分别占据第五和第九位。华为的 5G 相关研发费用每年超过 100 亿美元。华为在基站相关专利等方面也远超竞争对手瑞典爱立信和芬兰诺基亚。中兴通讯在基站等方面的专利也有所增加。

美国在5G专利方面已处于下风，目前只占5G专利的14%，较4G时代的16%有所下滑。美国高通目前很大一部分的利润就来自向设备制造商授权其专利技术并收取费用，但其5G专利数量也略微下降，只在企业榜单中名列第六。不过，高通等企业此前积累的优势不会马上失去，即使到了5G时代，4G和3G网络仍然可以使用。

在5G之前，欧洲和美国一直是通信技术领域发展的引领者，并掌握了相关专利，而中国企业为此必须向欧美企业支付高昂的使用费。

根据咨询机构IHS Markit的调查报告，2017年华为就已经牢牢坐稳电信网络设备供应商的头号交椅。当年，其市场占有率为22%。而排名第二的诺基亚只有13%。排在其后的爱立信更是只有11%的市场占有率。

华为每年将销售总额的10%～15%投入研发，以2018年为例，相当于150亿美元，为全球投资科研力度最大的企业；华为在全球有18万名员工，其中45%为研发人员，华为申报国际专利为全球之最，2018年共有4 024件。

华为已经是全球最大设备供应商及第一大基站建设者，全球营收超过千亿美元，超过美国波音公司，2018年利润达69亿美元，全球手机出货量达1.54亿部，位列全球第二。阿里巴巴和腾讯虽称霸中国网络龙头，但华为才有全球影响力，业务版图横跨亚洲、欧洲、非洲。华为迄今已赢得全球25个5G商用合约，位列全球合约数第一，并与全球50家营运商展开5G测试。

二、美国的焦虑

2019年4月，美国前总统特朗普在白宫发表关于美国5G部署的讲话，强调5G是一场美国必须赢得胜利的竞赛，美国公司必须引领世界蜂窝技术。他还说，美国是有敌人的，要确保5G网络不被敌人掌握。特朗普还表示，美国的5G网络建设要由私营部门推动和主导，政府会给予那些公司所需的激励。他要求，5G要覆盖每个社区，并向农村发展。

特朗普的讲话一边压制中国的5G网络巨头，一边进行美国自己发展5G的战略动员，展现出有点像美国冷战时期与苏联进行太空竞赛或者核竞赛时的劲头。美国对华为的公开打压与其当前对5G的战略部署不无联系。

美国之所以要向中国摊牌，就是因为中资企业在5G科技上表现非常强劲。过去10年来，中国在人工智能、云端技术、物联网等高科技领域都已压过其他传统技术大国如德国、日本，直追美国。

目前在新一代信息技术领域，代表中国的华为和中兴取得的专利数已超越美国。美方要其盟友禁用中国电信产品，就是为了防止中国的5G技术扩散到这些国家；为阻挡中国的发展，美国督促盟友不要向中国提供制造半导体的机器。

中美贸易战的背后是科技战。5G的意义远不止于网速提升，5G加上人工智能将构成现代生活和全球贸易的骨干，连接世界各个智慧城市，而控制网络者还能在用户不知情的情况下更改、复制数据或改变数据传输的路由。如果用戏剧化的语言表达，那就是“得

5G 者得天下”。

美国一向担心中国在 5G 网络中插入“后门”，窃取外国情报和进行网络攻击。不过，美国拿不出证据证明这一点。这不得不让人怀疑美国只因在 5G 领域技不如人，就祭出非市场的手段打压华为，所谓的网络安全不过是个借口。

为了打击和遏制华为，美国可谓费尽心机，精心策划、穷追不舍。首先是依据“长臂管辖”原则，要求加拿大逮捕了华为的首席财务官、创始人任正非的女儿孟晚舟；其次则是肆无忌惮地公开鼓动其盟友集体抵制华为公司的设备。对此种种，虽然美国打着司法独立和国家安全等堂而皇之的旗号，但是其实“司马昭之心，路人皆知”。新加坡《联合早报》在社论《中国崛起面对阻力》中就指出，这显然已经不是单纯的中美贸易纠纷，而攸关中国崛起在西方世界的观感了。

中国驻加拿大大使卢沙野发表署名文章表示，孟晚舟事件不是简单的司法案件，而是有预谋的政治行动，是美国动用国家权力对一家中国高科技企业的政治追杀。华为轮值主席徐直军也公开表示，美国国务卿蓬佩奥就是使用华为设备向东欧国家发出的警告，是美国动用政府机器对付该公司的最新例证，是一场战术性的政治运动。也有不少西方媒体看不惯美国打击自由竞争的科技霸权主义行径。美国《世界报业辛迪加》（*Project Syndicate*）的一篇评论《反华为战争》就嘲讽地说，请从本国企业查起，不要采取如今这种虚伪手段，把自私包装成道德高地；英国的 BBC 新闻网则把孟晚舟比作“美中科技冷战中的报复人质”；《新西兰先驱报》也发表过题为《扣押华为首席财务官的做法很过分》的社论。

新加坡国立大学法学院副教授王江雨认为，美国政府以华为公司违反对伊朗的经济制裁为由，要求加拿大协助逮捕并引渡华为副董事长孟晚舟的做法，其实是用金融欺诈案来包装对华为的政治打压。

据美国官员透露，他们所谓的担心主要是华为可能会利用 5G 技术协助中国政府开展间谍活动，进而威胁美国的网络和国家安全。对此，华为总裁任正非在接受外媒采访时明确表示，华为创立 30 年来，没有协助过中国政府从事间谍活动，而且他个人的政治信念也与华为的商业营运没有关系。

一篇报道援引美国官员的话说，在中国企业制造的设备和软件中寻找“后门”是错误的，寻找特定高管与中国政府之间的联系也是错误的，真正需要关注的是中国企业与政府之间的界限正在消失，中国政府可以要求企业配合国家的情报工作需要，这才是关键。言下之意，美国无须提出证据，只要证明中国企业可以被国家利用来窃取情报，就是封杀华为的充分理由。这个逻辑看起来完全是强词夺理。

“五眼联盟”是第二次世界大战后由美国、新西兰、澳大利亚、加拿大和英国五国的情报部门组成的。2018 年，美国以网络安全为由，呼吁盟友禁用华为的 5G 移动设备。一时间，不少国家对华为展开安全评估，并对它的移动设备实施部分或全面的禁令。

单从美国对华为采取的围堵措施来看，就足以证明华为在 5G 技术上的竞争力。正是因为华为在技术上很有实力，在成本上很有优势，美国才要以国家安全的名义，联合其他国家共同狙击华为。

目前全球领先的 5G 设备供应商只有四家，其中两家是中国的华为以及中兴通讯，另外两家是瑞典的爱立信以及芬兰的诺基亚。曾经是无线技术领头羊的美国、英国、德国、日本以及澳大利亚，则没有出现一个能代表国家或“五眼联盟”的5G技术先锋。

三、日本不甘落后

日本对5G技术所展现的雄心并不亚于中美两大强国。《日本经济新闻》披露，日本总务省2018年7月召开智囊会议后发表电信战略方案时已有意打造“后5G”技术。日本当局的策略是要在2020年以后的10年里，集中火力研发传送量比5G大10倍以上的后5G技术。日本当局想利用它来完成海陆空交通系统的全自动化，并以这一项技术构建无线电网。

日本将后5G技术称为“电波技术革命”，并认为这项技术结合机器人，将有助于解决日本高龄化社会所面对的劳动力人口不足等困境。日本研判，后5G技术将让日本的自动驾驶汽车业腾飞，估计在2040年能为汽车业赚取112万亿日元利润。自动驾驶技术一旦落实，也有助于缓解陆路交通的拥堵，省去因堵车造成的巨大经济损失。

日本在2000年发展3G移动通信科技时，为了保护国内市场，在手机的模式上自创一格，结果反而自缚手脚，导致其手机产品无法与国际接轨。吸取这个惨痛教训后，日本在发展4G和5G技术时，改为走向融合路线。日本国内的5G网络服务这些年发展迅速。截至2023年3月底，日本5G网人口覆盖率已达96.6%。

5G技术带来的网络安全，是全球共同面对的挑战。开放的科技竞争有助于促进科技的发展，并为大家共同面对的问题找出解决方案。要做到这一点，国际社会有必要加强互信的基础，摆脱零和思维，建立互惠互利的合作关系。

当前，6G竞速全面拉开帷幕，未来5年将是6G移动通信网络技术研发和标准完善的关键时期。

日本多措并举超前布局6G研发。自2020年发布《6G技术综合战略计划纲要和路线图》后，日本已提出包括超高速和大容量无线通信技术、超低时延和超大连接、多层无线系统、时空同步、安全可靠、超现实应用等一系列关键技术与能力，并采取资金支持、人才培育、政产学研结合等多项政策措施推动6G研发。

四、“星链”对国家安全的影响

“星链”卫星网络由美国太空探索技术公司（SpaceX）推进，是一个庞大的低轨卫星通信系统，目的是提供全球高速互联网服务。截至2023年10月，已成功发射数千颗卫星，部分地区开始进行公共测试。SpaceX计划通过发射数千颗卫星实现全球覆盖，为偏远地区和数字沙漠提供互联网接入。这一规模的部署使得“星链”在卫星互联网领域占据主导地位，为用户提供更稳定、高速的网络连接。

尽管SpaceX实施“星链”项目的初衷，主要是基于民用领域的商业目的，但是，伴随着“星链”所架构的卫星星座系统初具规模，其在军事领域的广阔应用前景和潜在价值日益受到各国政府和军方的关注和重视。“星链”在乌克兰危机中的成功应用，进一步坚定了美国军方加速推进其军事化发展进程的决心。

“星链”具有通信速度快、带宽大、延迟短、效费比高等优势，不受高山、海洋、极地等复杂地形环境、恶劣气候环境以及复杂电磁环境的影响，能够在任何时间、任何地域、任何环境提供不受限制的卫星网络服务，由此引发美国国防部的高度关注，并依托其构建新的军用通信生态系统，建设符合多军兵种联合作战需求的新一代先进战斗管理系统（ABMS）和联合全域指挥控制系统（JADC2），旨在保证美国军队和盟国能够在海上、陆地、空中、太空和网络空间等领域实现实时协调军事行动。

在未来战争中，卫星通信将成为关键因素。“星链”网络的全球性覆盖和高速传输能力使其在信息战、军事通信和导航领域具有巨大潜力。国家或军事组织可以借助该网络实现全球快速数据传输、军事指挥和情报收集，从而提高战场上的决策速度和灵活性。在远程地区执行任务时，常规的地面通信网络可能受限或无法覆盖。卫星通信的优势在于其能够跨越广阔的地理范围，为远程战区提供可靠的通信基础设施。这种全球性的通信网络使得军队可以更加灵活地执行任务，迅速适应不同的战场环境。“星链”卫星的高密度部署，意味着在地球上的任何地方都能够实时获取、传递大量数据，从而改变战场态势感知的方式。这种即时通信和信息获取的能力，为军事指挥提供了前所未有的灵活性。未来的战争不再仅仅是地面和空中的角力，而是太空、大气层和地表的一体化作战，信息的高速传递成为制胜的关键。

第 3 节　未来将不再有手机吗

2024 年 6 月 17 日，马斯克旗下的 Neuralink 公司对外发布了其最新产品——“心灵感应”（Telepathy）的视频。这款产品预计在未来的某一天取代手机，让人类可以通过意念控制电脑和手机。马斯克表示：“未来将不再有手机，只有 Neuralink。”这表明了科技发展的方向正在朝着更加智能化、高科技化的方向发展。

Neuralink 是一家由马斯克创立的公司，成立于 2016 年，研究对象为脑机接口技术。脑机接口就是将极小的电极植入大脑，利用电流让电脑和脑细胞“互动”，实现“人脑与机器交互”。Neuralink 公司 2023 年就宣布将招募首批临床试验参与者，目标人群为因颈椎脊髓损伤或肌萎缩性侧索硬化症（ALS）导致四肢瘫痪的患者。植入 Neuralink 装置的患者将能够仅靠意念控制电脑和手机。目前，第一例脑机芯片植入受试者诺兰·阿博（Noland Arbaugh）已经在植入设备后通过意念玩游戏等操作，并且他与 Neuralink 的协议是会在植入设备后 1 年内向公司提供数据，之后他们会讨论下一步是否要停用或者移除设备。

不过，对马斯克“未来手机会被脑机接口替代”这一观点持不同看法者众。终端设备需要便携性，包括 VR 眼镜还没有很好地解决便携性体验，还有电池问题怎么解决。计算平台、显示平台、通信平台，把这些综合在一起的话，手机还是解决这些问题效率最高的产品。

尽管科技的发展总是充满无限可能，但在可预见的未来，手机作为人们日常生活中不可或缺的工具，其地位仍然不可撼动。脑机接口技术虽然前景广阔，但在实际应用中仍面临诸多技术和伦理难题，如安全性、隐私保护等问题。手机仍将在未来很长一段时间继续扮演重要的角色。

知识窗

今日头条

今日头条是北京字节跳动科技有限公司开发的一款基于数据挖掘的推荐引擎产品，为用户推荐信息，提供连接人与信息的服务。张一鸣于 2012 年 3 月创建今日头条，2012 年 8 月发布第一个版本。目前，今日头条约有 800 个算法方面的工程师，有 151 条训练样本，每天用户请求 60 亿次（这个请求在人工智能应用当中已经是非常大的），两万台机器昼夜不停地计算各种概率。今日头条已经累计约 6 亿激活用户，平均每天每个用户使用 76 分钟，活跃用户数达 1.4 亿。

抖音

抖音是一款可以拍短视频的音乐创意短视频社交软件。该软件于 2016 年 9 月上线后，以黑马姿态在短视频领域突出重围，并带动行业高速发展。近年来，短视频迅速普及，已经跟图片和文字一样成为人们惯用的接收信息、发送信息的方式。在高清大屏智能机时代成长起来的年轻用户，已经习惯使用图像、视频进行自然、高频的表达。截至 2023 年 5 月，抖音的月活用户规模达到 7 亿多，月人均使用时长达到 36.6 小时。

思考题

1. 你认为人工智能会取代记者吗？

2. 面对人工智能技术对传媒行业的影响，你认为 AI 能够在大多程度上或何种层面取代人类？

3. 人工智能生产的信息往往被指出存在客观性与偏见的问题，但人类记者与编辑的工作中同样不乏价值偏见。那么，AI 的偏见是人类偏见的部分呈现还是整体放大？随着技术的发展，AI 相比于人类在新闻生产中是否可以更加接近客观性？

在线自测

扫一扫　练一练

参考文献

1. 匡文波．新冠肺炎疫情改变人们的新闻阅读习惯了吗？［J］．编辑之友，2021（10）．

2. 匡文波．5G将彻底颠覆主流媒体的概念［J］．编辑之友，2019（7）．

3. 匡文波．5G：颠覆新闻内容生产形态的革命［J］．新闻与写作，2019（9）．

4. 张建，杨帅．大学生“手机控”现状调查与对策分析［J］．西南民族大学学报（人文社科版），2019（1）．

5. 匡文波．手机媒体概论［M］．2版．北京：中国人民大学出版社，2012．

6. 匡文波．网络媒体概论［M］．北京：清华大学出版社，2001．

7. 匡文波．网络传播学概论［M］．3版．北京：高等教育出版社，2009．

8. 匡文波．网络传播技术［M］．北京：高等教育出版社，2003．

9. 匡文波．网民分析［M］．北京：北京大学出版社，2003．

10. 匡文波．网络传播理论与技术［M］．北京：中国人民大学出版社，2007．

11. 匡文波．电子与网络出版教程［M］．北京：中国人民大学出版社，2008．

12. 匡文波．手机媒体：新媒体中的新革命［M］．北京：华夏出版社，2010．

13. 匡文波，吕聪聪，张晗煜．新媒体研究的STIP模型［J］．中国人民大学学报，2020，34（4）．

14. 匡文波．智能算法推荐技术的逻辑理路、伦理问题及规制方略［J］．深圳大学学报（人文社会科学版），2021（1）．

15. 匡文波，张一虹．论新闻推荐算法的管理［J］．现代传播，2020（7）．

16. 匡文波，陈小龙．新闻推荐算法：问题及优化策略［J］．新闻与写作，2018（4）．

后记

经全国高等教育自学考试指导委员会同意，由新闻类专业委员会负责高等教育自学考试《手机媒体概论》课程教材的审稿工作。

《手机媒体概论》自学考试教材由中国人民大学匡文波教授担任主编。全书由主编匡文波教授撰写、统稿。参加本教材审稿讨论会并提出修改意见的专家有：北京大学谢新洲教授、中国人民大学赵曙光教授、中国社会科学院黄楚新研究员。对于编审人员付出的辛勤劳动，特此表示感谢。

新闻类专业委员会最后审定通过了本教材。

全国高等教育自学考试指导委员会
新闻类专业委员会
2024 年 2 月

图书在版编目（CIP）数据

手机媒体概论 / 匡文波主编. --北京 ：中国人民大学出版社，2024. 8. --(全国高等教育自学考试指定教材). --ISBN 978-7-300-33211-6

Ⅰ. G206. 2

中国国家版本馆 CIP 数据核字第 202481ZN97 号

全国高等教育自学考试指定教材
手机媒体概论
（含：手机媒体概论自学考试大纲）
（2024 年版）
全国高等教育自学考试指导委员会　组编
主　编　匡文波
Shouji Meiti Gailun

出版发行	中国人民大学出版社		
社　　址	北京中关村大街 31 号	**邮政编码**	100080
电　　话	010－62511242（总编室）		010－62511770（质管部）
	010－82501766（邮购部）		010－62514148（门市部）
	010－62515195（发行公司）		010－62515275（盗版举报）
网　　址	http：//www. crup. com. cn		
经　　销	新华书店		
印　　刷	北京市鑫霸印务有限公司		
开　　本	787 mm×1092 mm　1/16	**版　　次**	2024 年 8 月第 1 版
印　　张	8 插页 1	**印　　次**	2024 年 8 月第 1 次印刷
字　　数	182 000	**定　　价**	30. 00 元